新世代の
認知行動療法

*The third-generation
cognitive and behavioral therapies*

熊野宏昭
Hiroaki Kumano

日本評論社

まえがき

　本書は，実証的な心理療法・精神療法の代表格とされる認知／行動療法（第１章で説明する，行動療法，認知療法，認知行動療法などの総称）の60年に及ぶ発展の歴史の中で，約20年前に誕生し，今世紀に入ってから過去10年ほどの間に急速に発展してきた「新世代（第三世代）の認知／行動療法」にフォーカスを当てた入門書である。わが国はもちろん諸外国まで含めても，本書で扱ったような幅広いテーマについて，一人の著者が解説した本はないと思われるので，それなりのバイアスはもちろんあるとしても，全体を統一的に理解していただけることが大きな特徴の１つといえるだろう。

　認知／行動療法の発展は，1950年代に学習理論に基づく行動療法が誕生したことによってスタートした（第一世代）。具体的には，レスポンデント条件づけの原理を恐怖症などの治療に適用した流れと，オペラント条件づけの原理を子どもの学習の促進や回避行動などの随意行動の変容に適用した流れが含まれる。ここでの学習理論は厳密な動物実験に基づくものであり，客観的に捉えうる環境中の刺激を操作することができたため，確実な治療効果が得られるという利点があった。しかし，その一方で，気分障害，不安障害，摂食障害など，クライエント本人の考え方や感じ方などが行動に大きく影響を及ぼす問題には適用しにくいという面もあった。そこで，1960年代に認知（思考）を行動の原因と考える認知モデルに基づいた認知療法が登場し，第一世代と合流することで認知面も行動面も統合的に扱おうとする認知行動療法の時代になったのである（第二世代）。

　しかし，上記のとおり，行動療法と認知療法はまったく異質な理論的立場をもつ治療体系であったため，近年その適応範囲が拡大されるにつれて，さ

まざまな限界や混乱が明らかになってきた。たとえば，理論的には行動の原因であるとされる認知的変数の効果が，実証的研究において確認されないといったことなどである。さらに臨床実践上の最大の難点としては，幅広い臨床的問題に対して行動的技法と認知的技法をモザイク的に適用することからくるケースフォーミュレーションの困難さが挙げられる。行動療法の中だけ，認知療法の中だけであれば統一的なアセスメントは可能であるが，両者を合わせて使う場合には，目の前の問題に対してどちらを使ったらよいかを判断する基準が原理的に存在しないのである。

　このような限界や混乱を乗り越える1つの解決策として，1990年前後から，のちに第三世代と呼ばれるようになる認知／行動療法の新たな流れが生まれてきた。それには，学習理論側がこれまで検討対象にすることを避けてきた認知や言語の問題を，ルール支配行動，刺激等価性，関係フレーム理論など，新たな枠組みで正面から取り上げるようになったことと，情報処理理論側が直接的かつ臨床的に認知の内容を扱っていたそれまでの方法から，注意制御やメタ認知にかかわる基礎的な研究の成果を踏まえて認知の「機能」に注目するようになったという，それぞれの陣営における大きな変化が背景になっていると思われる。この流れには，認知の機能の重視，マインドフルネスとアクセプタンスという介入要素の存在という共通の特徴があり，本書ではここに至って両陣営が本質的な共通点を持ち始めているという可能性に注目していく。

　第1章で認知／行動療法全体の基本的な解説を行ったあと，第2章で新世代の認知／行動療法に共通する特徴についてコンパクトにまとめる。そして次に，上記のとおり新世代の認知／行動療法の必要条件の一つになるマインドフルネスについて，本来的にどのような状態であり，どのように実践するかを第3章と第4章で解説する。その後，認知療法側から，第5章でマインドフルネスストレス低減法（Mindfulness-Based Stress Reduction：MBSR）とマインドフルネス認知療法（Mindfulness-Based Cognitive Therapy：MBCT），第6章と第7章でメタ認知療法（Metacognitive Therapy：MCT）について解説し，次に行動療法側から，第8章で臨床行動分析と行

動分析学の基礎について，第9章で行動活性化療法（Behavioral Activation：BA），第10章と第11章で弁証法的行動療法（Dialectical Behavior Therapy：DBT），第12章と第13章でアクセプタンス＆コミットメント・セラピー（Acceptance & Commitment Therapy：ACT（アクト））について解説していく。

読者には，まず第4章までを読み，その後興味のある章を読んでいただければと思う。ただ，全体を通して読むことができれば，新世代の認知／行動療法の全体がどのような国を形作っているのか，個々の治療体系がどのような街として栄えているのか，それぞれの地域がどのような経緯で発展してきて現在どのように交流しているのか，さらにはこれから10年，20年どう展開していきそうかなどがわかっていただけると思う。

本書は，新世代の認知／行動療法の入門書であるが，それは初歩的な内容のみを解説している本という意味ではない。とくにわが国においては，まだ新世代の認知／行動療法という国を旅した人は多くないと思われるので，その国にある街々の城門を入るという意味で，「入門」を可能にするガイドを提供できればと考えた。つまり，この国に入国し，専門的な治療法のそれぞれが実践される街の入り口にたどり着き，さらにその城門をくぐって進んでいくためのガイドブックとして活用してもらえればと思う。

ただそれだけではなく，この本だけでも，これまでの認知／行動療法についての基礎知識を身につけ，新世代の認知／行動療法による介入を始めるための最低限の知識を習得してもらえるような工夫もした。たとえば，マインドフルネスの実践法，機能分析（ABCDE分析）の活用法，言語行動の実用的な定義などを，これだけ具体的に書いた認知／行動療法関係の本は他にないと思う。世界標準の認知／行動療法の全体像を学んでみたい人，これまでの認知／行動療法ではもの足りない人，新世代の認知／行動療法のどれかを実践してみたいと考えている人などには，すぐに役に立つ内容にできたと考えている。また，私が数年間かけて自己研鑽してきた過程を順次文章化したものなので，読者にとっても学習過程の疑似体験やモデリングが可能であろうし，自己学習のガイドとしても使っていただけるはずである。

これから，本書を手に，読者の皆さんと一緒に新世代の認知／行動療法の街々をめぐる旅に出かけたいと思うが，その前に，本書の企画から編集まですべてをお手伝いいただいた日本評論社の植松由記さん，早稲田大学，東京大学，綾瀬駅前診療所，赤坂クリニック，関連学会などでこれまで一緒に仕事や勉強に取り組んできた多くの皆さん，いつも仕事ばかりで迷惑をかけてきた家族に，この場を借りて感謝の気持ちを伝えたい。

2012年の年のはじめに

熊野宏昭

目次

第1章 認知行動療法の多様性とその変遷　9
認知行動療法の多様性　9
新世代の認知行動療法とは？　11
何が足りなかったのか　13
　　扱える対象の狭さ　　実際の臨床活動とのギャップ　　認知行動療法の時代
何が提供されなかったのか　16
　　統一的な基礎理論の欠如　　ケースフォーミュレーション
　　エビデンスに基づく心理療法
まとめ　20

第2章 新世代の認知行動療法に共通するもの　21
はじめに　21
認知／行動療法の展開　22
　　行動療法の発展　　認知行動療法の発展
マインドフルネスの臨床応用　25
アクセプタンスとは　26
第三世代の認知／行動療法の特徴　28
　　文脈の重視ということ
まとめ　30

第3章 本来のマインドフルネスとはどのようなものか　33
はじめに　33
「今，ここ」に気づくこと　34
マインドフルネスのルーツ　35
身体に関する気づき　38
感受に関する気づき　39
心の感情面に関する気づき　40
思考の素性　42
マインドフルネスの力　43
法則性に関する気づき　44
まとめ　45

第4章 マインドフルネスはどのようにして実践するか　47

はじめに　47
マインドフルネス実践の必要条件　48
歩くマインドフルネス瞑想　50
立つマインドフルネス瞑想　51
座るマインドフルネス瞑想　53
日常生活にマインドフルネスを持ち込む　55
まとめ　56

第5章 マインドフルネスストレス低減法・マインドフルネス認知療法
―――構造化されたグループ療法でのマインドフルネスの活用　58

はじめに　58
新世代の認知／行動療法の位置づけ　59
マインドフルネス瞑想直系のMBSR　61
　　8週間プログラムの内容　　効果研究の結果
MBSRで認知療法を換骨奪胎したMBCT　64
　　再発性うつ病と認知療法　　MBSRのどこがフィットしたのか
　　インストラクターは何をしているのか
まとめ　69

第6章 メタ認知療法（1）
―――メタ認知の内容を変えることで認知の機能を変える　71

はじめに　71
メタ認知理論　72
　　メタ認知への注目　　S-REFモデルと認知注意症候群　　メタ認知に注目する利点
アセスメントの進め方　77
　　ABC分析からAMC分析へ　　疾患特異的モデルとケースフォーミュレーション
まとめ　80

第7章 メタ認知療法（2）
―――自己注目に対抗する注意訓練とディタッチト・マインドフルネス　82

はじめに　82
注意コントロールとCASへの介入　82
　　注意訓練　　ディタッチト・マインドフルネス

メタ・システムへの介入　88
　　　　　メタ認知的信念　　メタ認知的プラン
　　　マインドフルネスとの共通点と相違点　93
　　　まとめ　95

第8章　臨床行動分析入門
　　　――認知行動療法のもう一つのウィング　97

　　　はじめに　97
　　　行動分析学とは　98
　　　臨床行動分析への展開　101
　　　ルール支配行動　104
　　　行動クラスへの注目　106
　　　機能分析の進め方　108
　　　まとめ　109

第9章　行動活性化療法
　　　――機能と文脈の評価には行動することが必要　111

　　　はじめに　111
　　　BAの歴史　112
　　　機能的文脈主義に基づくBA　115
　　　　　機能的文脈主義とは　　BAの基本的枠組み　　BAの具体的介入法
　　　段階的行動療法としてのBA　124
　　　　　うつ病の行動分析モデル　　単純活性化と機能分析に基づくBA
　　　まとめ　127

第10章　弁証法的行動療法（1）
　　　――治療原理主導という力のもとに　129

　　　はじめに　129
　　　治療原理主導ということ　131
　　　　　徹底的行動主義　　禅の原理　　弁証法の原理
　　　核となる治療戦略――受容の戦略　138
　　　　　BPDの理解と認証の重要性
　　　まとめ　141

第11章 弁証法的行動療法（2）
　　　——臨床行動分析の発展における位置づけ　143

　はじめに　143
　核となる治療戦略——変化の戦略　144
　　　行動分析と解決法分析　　スキルトレーニング
　実際の治療の進め方　149
　　　多様な治療モードの活用　　治療ターゲットによる構造化　　効果研究の結果
　まとめ　154

第12章 関係フレーム理論入門
　　　——2つの言語行動の定義からみえてくるもの　157

　はじめに　157
　スキナーによる言語の行動分析　159
　　　スキナーによる言語行動　　言語行動と意識
　関係フレーム理論による言語行動　163
　　　刺激等価性　　多数の範例による訓練　　関係フレーム理論への展開
　　　言語行動の新しい定義
　まとめ　173

第13章 アクセプタンス＆コミットメント・セラピー
　　　——機能的文脈主義の中で認知と行動をシームレスに扱う　176

　はじめに　176
　行動活性化が進まない時　177
　　　価値の明確化とコミットメント　　FEARからFEEL，そしてACTへ
　ACTにおけるマインドフルネス　181
　　　「今，この瞬間」との接触と視点取り　　脱フュージョンとアクセプタンス
　関係フレームづけの基盤のうえに　185
　　　行動分析学での両極の等位関係　　ACTにおけるエビデンスの特徴
　まとめ　188

事項索引　193
人名索引　201

第1章
認知行動療法の多様性とその変遷

認知行動療法の多様性

　近年，わが国でも，臨床心理学や心理療法・精神療法（どちらもpsychotherapyの訳語）の領域で認知行動療法が大きく取り上げられるようになり，新しい流れも含めて一度その全体像を学んでみたいと考えて本書を手にとった読者も多いのではないかと思う。それには，海外の臨床心理学関係の出版物（そして日本に紹介される翻訳書）をみた時に，認知行動療法に関するものが圧倒的に多いことや，医療現場での適用を中心として，「エビデンスに基づく心理療法」が強調されるようになってきたこと，そして2010年の春に，うつ病の認知療法・認知行動療法の医療保険収載がなされたことなども関係しているであろう。

　しかし，そこで一つ問題になるのは，認知行動療法という言葉が意味する内容の多様さである。現在，認知行動療法にかかわる分野としては，行動療法，認知療法，臨床行動分析などがあり，そのうえ，それぞれの分野での「認知行動療法」という用語の使われ方自体が歴史的に変遷してきているということが，さらに問題を複雑にしている（図1）。たとえば，嶋田によれ

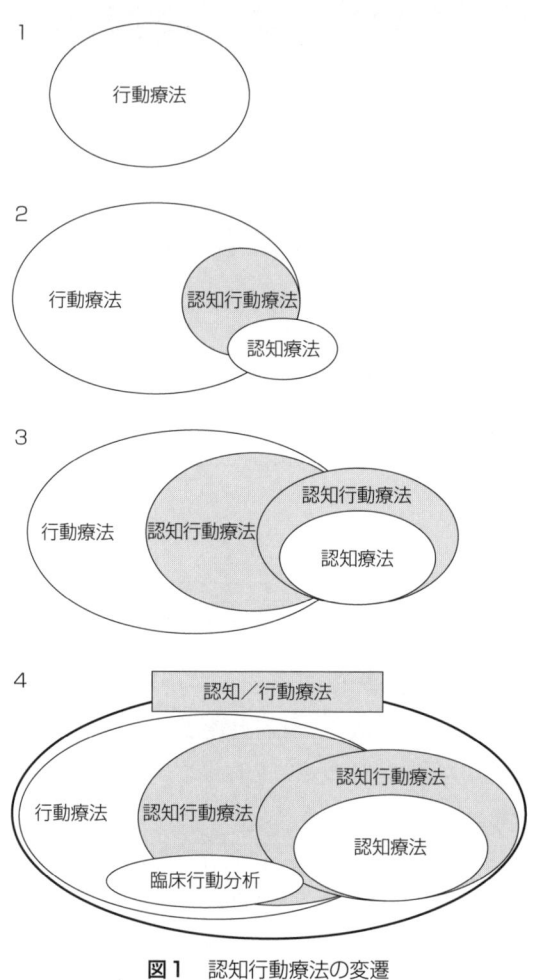

図1　認知行動療法の変遷

ば,「行動療法を用いた臨床場面においては,①同一の刺激を与えてもクライエントの反応はさまざまである,②逆にさまざまな刺激をクライエントに与えても反応は同じであることがある,③刺激も反応も観察不可能な場合がある,などの問題点が指摘されるようになり,従来の不備な点を補うような形で認知行動療法が展開した[1]」とされる。そして「認知行動理論は,伝統的

な学習（行動）理論が精練される変化の過程ととらえることができる[1]」ともされている。つまり，この時点（2000年）において，認知行動療法は行動療法の部分集合として説明されている。

　しかし，その一方で，当初，うつ病を対象にして登場した認知療法が，行動療法由来の技法も多く使いながら，その適用範囲を拡大していくなかで，他にも認知的技法を主に使う論理情動行動療法などとともに，みずからの体系を狭義の「認知行動療法」として位置づけるようになってきた。

　その結果として，狭義の認知行動療法という言葉が，行動療法的な色彩の強い（学習理論の発展変化の過程と捉えられる）ものと，認知療法的な色彩の強い（情報処理理論に基づく新たな治療体系と位置づけられる）ものの両方の意味で使われるようになり，混乱をきたす場面も出てきた。そこで，次第にそれらすべてを含む広義の意味で，認知行動療法という言葉が使われることが多くなってきたと考えられる（たとえば，鈴木・神村は，「2005年の時点において，もはや，行動療法と認知行動療法の間に違いはほとんどありません[2]」と述べている）。

　英語では，狭義の場合はcognitive behavioral therapy，広義の場合はcognitive and behavioral therapiesとされることが多いため，混乱は少ないが，実際には広義の意味で使われていると思われる文脈でも，cognitive behavioral therapyと表現されていることもあり，個々の場面での判断が必要である。

新世代の認知行動療法とは？

　本書のテーマは「新世代の認知行動療法」である。ここでの「認知行動療法」はどんな内容なのであろうか。まずは，狭義か広義かと言えば，先に述べた近年の傾向に沿うかたちで，広義の意味で使っていることをはっきりさせておきたい。この事実をとくに強調するために，2009年に発刊されたこの分野の代表的なテキストである『臨床行動分析のABC[3]』の訳者の武藤は，「認知／行動療法」という表記を用いており，本書でもこれに倣うことにした。

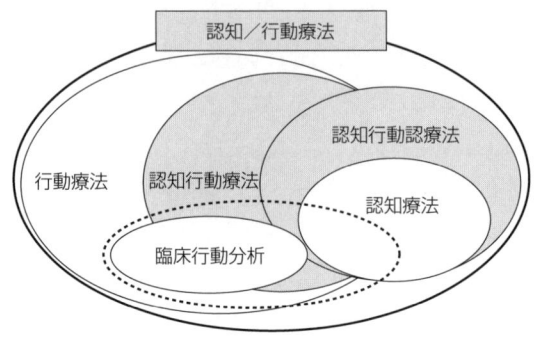

図2 第三世代の認知／行動療法

　そして，もう一つ気になる，行動療法よりの認知行動療法なのか，認知療法よりの認知行動療法なのかという点に関して言えば，どちらに由来する流れも含まれているが，認知の「内容」よりも「機能」を重視するという点で共通している，ということが大きな特徴である（「機能」を重視するというのがどういうことなのかは，本書を読み進むなかで理解していただきたい）（図2）。

　もう一点，なぜ「新世代」などというのかということについても，最初に説明が必要であろう。「世代」という言葉は，「世代交代」を連想させ，とくに若者や初学者にとって過度に魅力的になることがある。つまり「古いものは捨てて，新しいものを学べばよい」という含意をもってしまいがちなのだが，そういうことはまったく意図していない（むしろ基礎がなければ応用は無理である）。

　これから説明していく認知／行動療法は，第三世代といわれることが多いが，それは，これまでの第一・第二世代の認知／行動療法に含まれなかった新しいもの（あるいは，含まれてはいたが，十分にかたちをとっていなかったもの）を含んでいるということを意味している。したがって，それは第一・第二世代を否定するものではなく，ある方向に拡張するものと理解するのが適切である。それを一言で言うと，「マインドフルネスとアクセプタンス」の導入[4]ということになるが，それが何を意味するかも本書を通して学ん

でいただければと思う。

　以下ではさらに，なぜ今回このテーマを取り上げることになったのか，そしてどのような読者にどのような点で役に立つ内容になるのか，といった本書の「文脈」が理解していただけるように，もう少し「論文のイントロダクション」に相当する話を続けていこう。

何が足りなかったのか

扱える対象の狭さ

　さて，時は今を去ること17年，1995年に遡る。場所は，大阪で開催された日本行動療法学会の会場である。そこで「認知行動療法は行動療法か」と題するシンポジウムが開催された。これは，その当時の「新世代の（認知）行動療法」と「第一世代の行動療法」の間のディベート形式のものであったが，私は心療内科領域で認知行動療法を推進する立場からのシンポジストとして発表した。その時も「新世代（第二世代）」を擁護し，今回はさらに次の「新世代（第三世代）」の解説をしようとしているわけだが，その時の私がもっていた問題意識をまずは説明してみたい。

　まずは，第一世代の行動療法自体では，扱える対象が狭いということが一番大きな問題であった。行動療法が拠って立つ理論は学習理論であり，その当時は，多くの動物実験のデータから定式化されたレスポンデント学習とオペラント学習が主な対象であり，それにモデリング学習が加わったものであった。これらをまとめていうと，情動反応（レスポンデント学習）や非言語的行動（オペラント学習とモデリング学習の一部）を対象にする介入法ということになり，動物においても成り立つ学習過程という意味では介入効果は強力で，客観的に操作可能という利点があったが，大人の不安障害，気分障害，摂食障害など，特徴的な考え方や価値観，イメージなど，いわゆる「心の問題」を抱えているクライエントに対しては，適用できる範囲が狭いという弱点があった。また，心身医療で重視されるセルフコントロールを説明したり，それを促したりすることにも，あまり役には立たなかった。

毎日大勢の患者が訪れ，そこで訴えられる症状や問題の解決を迫られる臨床の現場では，これは死活問題であり，実際には必要に応じた解決法がとられていた。それは，不安や抑うつに対しては向精神薬などが投与されるとともに，思考や感情の問題を扱う心理療法としては，実証的な根拠がそれほどなかったとしても，支持的精神療法，交流分析療法，精神分析的精神療法，森田療法，家族療法などが使われていた（あるいは今でも使われている）ということである。

実際の臨床活動とのギャップ

さらに，たとえば，神経性食欲不振症の入院治療における体重増加に，オペラント条件づけに基づいたプログラム式治療法（入院当初は，院内の移動，面会，電話，入浴，間食など日常生活の行動のほとんどを制限したところからスタートさせ，体重が1週間に0.5kg程度増えるごとに，ごほうびとしてできることを1つずつ増やしていくような方法）が用いられ，それなりの効果をあげていたが，これがほんとうにオペラント学習で説明可能なのかどうかという点にも疑問を感じていた。

オペラント学習の理論では，もともと症状の一部である過活動のために動きたくてたまらないクライエントにとって，体重が増えてできることも増えることは正の強化になるし，できることが制限されているいやな状況から逃れることは負の強化になるので，体重が次第に増えていくと説明されるわけである。一方で，オペラント学習の基礎になっている動物実験のデータからは，ある行動をしたあと，60秒以内にごほうびになるような結果が随伴しないと，強化子としては機能しないというデータが出ている。しかし，クライエントにとっては，週に1回しか体重測定の機会はなく，その結果行動制限が緩和されるのも優に数時間後であったりするのである。

また現場では，この治療を始める前にクライエントとどのように相談するかということが，このプログラム治療の成否に大きく影響するという事実も認識されていた。つまり，何のために行う治療なのか，他の方法よりもどこがどのように優れているのか，約束を守ることがどんなに大切なのかなどに

ついて，お互いが十分に納得いくまで話し合い，制限の内容についてもクライエントの希望に添って多少は譲歩しながら，お互いに合意するという過程が踏めれば，半分以上は成功したことになるという認識であるが，これをオペラント学習の観点から説明することは難しいと思われた。

また，体重を増やした神経性食欲不振症のクライエントが退院して外来治療を続けるとなると，増やした体重を維持することが課題になり，そのためには，本人が自覚的に取り組む必要があった。そして，「自覚的に」取り組んでもらうためには，やはり食事，体重，ボディイメージなどに対する本人の捉え方が変わっていかなくてはならないであろうと想定されたため，やはり思考や感情の問題に介入する，行動療法以外の治療法との併用が必要であった。

認知行動療法の時代

そのような状況下で登場し，急速に広まったのが，認知療法をはじめとした「実証的な研究に基づく」認知的な介入技法であった（認知療法が体系化されたのが1970年代後半で，日本に導入されたのは1980年代後半）。そしてたとえば，認知療法は，実証性を重んじる行動科学的介入技法であることを自認し，認知的技法以外にもさまざまな行動的技法も取り入れたかたちでその体系化を図ったし，行動療法サイドからも「学習（行動）理論の限界を踏まえ，人間の行動は認知的な活動が介在するという事実を重視し，顕在性の行動に力点を置く学習（行動）理論に代わり，その説明力を高めるために認知的変数をより積極的に取り込んだ認知行動理論が展開された」[1]ため，狭義の認知行動療法が大きく発展することになったのである。

「認知の問題」が実証的に扱えるということで，先に述べたような臨床場面で扱える対象の狭さや，実際の臨床活動と理論とのギャップという問題も解消され，さらには，セルフコントロールやストレス対処といった心身医療で重要な概念にも説明が与えられることになった。その結果，情動や外顕的行動にはレスポンデント技法とオペラント技法が，そして，認知の問題にはセルフモニタリングや認知再構成法を中心とする認知的技法が用いられるよ

うになった。心身医療の現場では広く実証的な行動科学的治療法が活用されるようになったが、精神医療や学校臨床など、他の臨床現場でも似たような変化が起こったことは間違いないだろう。

そして、1995年の行動療法学会で、前記のシンポジウムが開かれ、ここでかなり厳しい議論が展開されたにもかかわらず、認知行動療法は行動療法の世界でも確実に広まっていったのである。

何が提供されなかったのか

統一的な基礎理論の欠如

ちなみに、第一世代の行動療法側が指摘した論点は、①行動療法は「実験的に確立された原理や手続きに基づく科学的な心理療法」であるが、認知行動療法にそれだけ確立された原理や手続きがあるのか、②思考や感情は行動療法でも扱っているのに、なぜ「認知」という新しい概念を持ち込まねばならないのか、というものであった。

それに対して、②については、先に述べたように、レスポンデント学習やオペラント学習の理論だけでは、大人の精神疾患への適用は難しく、「認知」という変数を導入することで、臨床的問題を効率よく説明でき、具体的な介入法も明らかになるという有用性の大きさを強調した。つまり、「認知」の問題をレスポンデント学習やオペラント学習で説明できるとしても、それが唯一最良の説明とは限らず、臨床的に有用な説明のほうがいいではないかと主張したことになる。

一方、①に関しては、「認知の操作的定義、査定、治療的操作の厳密性、客観性にはいまだに問題があり、今後の検討課題」と私自身発表した。それには、当時、認知療法を習得する際に、認知心理学や認知科学との関連を追究した経験が関係していた。当然、認知に関する基礎的研究の裏づけがあると考えてのことであったが、実際には、ベックという天才臨床家の洞察に基づいて「認知の歪み」という「情報処理の誤り」が想定され、それを調査研究によって裏づけ、治療研究によって効果を示したという科学性のレベルで

あることがわかり，少々心許なく感じたのであった。

このことを今，再度説明してみれば，第一世代の行動療法は学習理論に基づいているが，認知療法をはじめとする多くの認知的介入法は「情報処理理論」に基づいており，しかもその「情報処理理論」は基礎科学的な理論（認知心理学や認知科学）による十分な裏づけを得るに至っていなかったということになるだろう。以下では，そのことがどのようなマイナス面を生むことになったかをみていくことにしたい。

ケースフォーミュレーション

まずは，認知行動療法（あるいは，現場で用いられるさまざまな認知／行動療法）が，理論的にも技法的にもモザイクになっていることがもたらす問題点である。

現在，治療過程を最適化するためには，いかにケースフォーミュレーション（事例の定式化）を行うかが鍵になるという認識が一般的になりつつある。下山[5]によれば，ケースフォーミュレーションとは，「事例の当事者の心理的，対人的，行動的問題の原因，促進要因，およびそれを維持させている力に関する仮説であり，その人に関する複雑で矛盾した情報をまとめあげる助けになる」問題のフォーミュレーションと，「介入の方針を構成し，それを仮説として当事者，あるいは関係者に説明し，合意を得る作業」を含むものであり，「臨床心理アセスメントの目標」とされている。

そして，認知行動療法が前記のとおりモザイク的な構成になっているために，そのケースフォーミュレーションでは，介入対象になる認知・行動的な問題のそれぞれの側面に関して，個別的かつ網羅的にアセスメントする必要があるのである。

たとえば，代表的なケースフォーミュレーションのテキストとされるパーソンズの*The case formulation approach to cognitive-behavior therapy*[6]では，「認知的諸理論とその臨床的示唆」「学習諸理論とその臨床的示唆」「情動諸理論とその臨床的示唆」のそれぞれが別の章立てになっている。また，パデスキーらの*Collaborative case conceptualization*[7]では，ケースの概念化

第1章　認知行動療法の多様性とその変遷　17

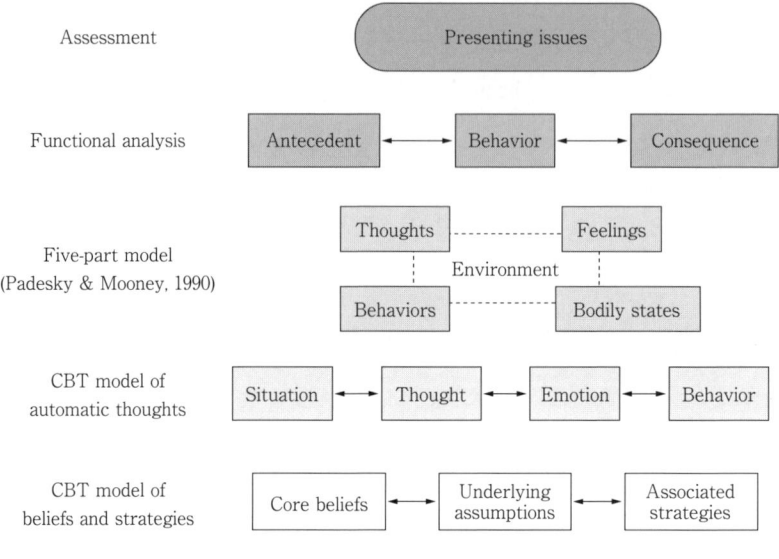

図3 ケースの概念化の階層（文献7）

（ケースフォーミュレーションとほぼ同義）を多くのレベルからなるものとみなしている（図3）。

　以上に述べたことは概念的には問題ないと思われるかもしれないが，これを実際に活用しようとすると大きな問題にぶつかる。それは，実際のケースを目の前にした時に，ケースの概念化のどの領域（認知・学習・情動）やどのレベルを選べばよいかという点に関する基準が明示されていないということである。

　つまり，理論や技法がモザイク的であるために網羅的にアセスメントする必要が生じたが，同じ理由のために，どの側面からどのような順番でアセスメントしたらよいかを判断することもできないということであり，これはなかなか深刻な問題といえるだろう。

エビデンスに基づく心理療法

　次の問題点は，認知行動療法が個々の問題ごとにアプローチするという特

徴とも関係するが，認知・行動的な問題の内容（カタチ）に注目を向けるという特徴と直接的に関係しているものである。たとえば，認知療法の基盤になる情報処理理論からは，うつ病患者には特有の「認知の歪み」が存在し，その歪みを合理的なものに再構成することによって，病気もよくなるとされる。これは，統合失調症患者には「妄想や幻覚」が存在し，それが正常化することが病気がよくなることであるという考え方と共通するものであろう。

つまり，身体の病気（身体疾患）が臓器という構造物が異常をきたす病気であるように，認知・行動面の病気（精神疾患）も認知や行動のカタチが異常をきたす病気であると考えることになり，そのカタチの異常のパターンによって（たとえばDSM−Ⅳに基づいて）診断が可能になるわけである。そして，認知行動療法では，このカタチによる診断に従って治療マニュアルを作成し，身体疾患に対する薬物療法の有効性を検討するのと同じように，ランダム化比較試験（Randomized Controlled Trial：RCT）を行って，その有効性のエビデンスを示してきた。

しかし，一方の学習理論では，行動を，個体と環境との相互作用によって規定し，個体と環境がお互いに及ぼす影響や効果である「機能」の面から評価する。つまり，同じカタチの行動であっても，状況（文脈）が異なれば，その意味はまったく異なるものになるのである。たとえば，「大きな声を出す」というカタチの行動は，授業中に自分が当てられて発表する際には「機能」する行動になるが，別の生徒が発表している最中には「機能」しない行動になる。ということは，認知や行動のカタチに従った診断との間に乖離が起きる可能性が高いということである。

この事実に由来する問題として，まずは精神疾患の診断自体に関してでさえ，診断基準が改訂を重ねるごとに診断カテゴリーの数がどんどん膨れ上がるとともに，いくつもの精神疾患を併せもつことが普通である（つまり，「純粋な」大うつ病やパニック障害の患者はほとんどいない）ということが明らかになってきた。また，認知行動療法そのものにかかわる問題点としては，現場で標準化された治療を提供しようとすれば，必然的にいくつものマニュアルを参照する必要があるという手間の問題も大きいが，仮にそうして

も治療効果が思ったほどにはあがらない（効果サイズが小さい）という本質的な問題が指摘されてきている。

まとめ

本章では，私の個人的な体験に基づく話も含めて，わが国における認知／行動療法の発展の経緯と，そのなかで次第に明らかになってきた問題点のいくつかについて述べてきた。そして，本章で述べてきたような問題点に対する1つの有望な解決策として，第三世代の認知／行動療法が発展してきたというのが，本書全体に対するスタンスである。

次章では，本章の続きとして，その第三世代の認知／行動療法にはどのような共通特徴があるのかを概説したいと思う。

〔文　献〕
1）嶋田洋徳「認知行動理論」坂野雄二編『臨床心理学キーワード』有斐閣，2000年
2）坂野雄二監修，鈴木伸一，神村栄一『実践家のための認知行動療法テクニックガイド―行動変容と認知変容のためのキーポイント』北大路書房，2005年
3）ユーナス・ランメロ，ニコラス・トールネケ（松見淳子監修，武藤崇，米山直樹監訳）『臨床行動分析のABC』日本評論社，2009年
4）Baer, R.A., Huss, D.B.: Mindfulness- and acceptance-based therapy. In: Lebow, J.L. (ed.): *Twenty-first century psychotherapies: contemporary approaches to theory and practice*. John Wiley & Sons, 2008.
5）下山晴彦『臨床心理アセスメント入門―臨床心理学は，どのように問題を把握するのか』金剛出版，2008年
6）Persons, J.B.: *The case formulation approach to cognitive-behavior therapy*. Guilford Press, 2008.
7）Kuyken, W., Padesky, C.A., Dudley, R.: *Collaborative case conceptualization: working effectively with clients in cognitive-behavioral therapy*. Guilford Press, 2008.（大野裕監訳『認知行動療法におけるレジリエンスと症例の概念化』星和書店，2012年）

第2章
新世代の認知行動療法に共通するもの

はじめに

　前章では，わが国における認知／行動療法の発展の経緯を述べながら，現在，認知行動療法という言葉が意味する内容が非常に多様になっているという事実を指摘した。

　単純化して言えば，行動療法的な色彩の強い（学習理論の発展変化の過程と捉えられる）流れと，認知療法的な色彩の強い（情報処理理論に基づく新たな治療体系と位置づけられる）流れの2つがあるのだが，その両者がうまくかみ合わないことでいろいろな混乱が生じているように思われた。その混乱とは，行動を個体と環境との相互作用によって規定し，それを個体と環境がお互いに及ぼし合う影響や効果である「機能」の面から評価する学習理論の立場と，認知行動的な問題の内容（カタチ＝構造）に注目する情報処理理論の立場が対照的なものであることに由来している。そして，当然それぞれが得意とする対象領域をもっているのだが，どちらか一方のみでは，とくに成人が有する心理行動面の問題全体を扱うことはできず，これまでのところ，多かれ少なかれモザイク的に適用されてきている。しかし，そのこと自

体が，現場で活用する際の効率の悪さを招くことになり，網羅的なケースフォーミュレーションを用いて解決を図ろうとしているが，それでも，異質な体系の適用を，問題の性質に応じて切り替える（両体系をカバーできる）基準自体が存在しないという本来的な問題点が残ることを指摘した。

　本書では，これらの混乱や限界に対する1つの有望な解決策として，第三世代の認知／行動療法が発展してきたというスタンスに立つ[1]。そして，その発展を可能にしたのは，学習理論側がこれまで検討対象にすることを避けてきた認知や言語の問題を，ルール支配行動，刺激等価性，関係フレーム理論など，新たな枠組みで正面から取り上げるようになったことと，情報処理理論側が直接的かつ臨床的に認知の内容を扱っていたこれまでの方法から，注意やメタ認知にかかわる基礎的な研究の成果を踏まえて認知の「機能」に注目するようになった（つまり，認知の内容を変化させることよりも，行動や感情に対する認知の影響力を変化させることを目指すという視点の転換が起こった）という，それぞれの陣営における大きな変化であったと捉えていきたい。

認知／行動療法の展開

　以下では，まず第三世代の認知／行動療法に至る発展の経緯をもう一度振り返ってみよう。そして，それを踏まえたうえで，第三世代の認知／行動療法に共通する特徴について，具体的に考察してみたいと思う。

行動療法の発展

　認知／行動療法の発展における第一世代は，科学的に十分に確立された学習心理学の基礎的原理を，特定の行動的問題に適用することを通して，1950年代頃から発展した行動療法である。

　ここではまず，パブロフの犬の実験で知られるような，中性刺激と無条件刺激を対提示することによって，中性刺激が無条件刺激の到来を知らせる信号（条件刺激）として機能するようになるレスポンデント条件づけを，恐怖

症などの過度な情動反応の解消に応用するという方向での発展がみられた。この学習の原理は，本来的に本能的反応を引き起こす力をもつ無条件刺激と，その個体にとって特別な意味をもたない中性刺激を随伴させる（対提示する）ことによって中性刺激の機能を変化させるものであるため，刺激強化子随伴性と呼ばれる。

それに対して，随意的な行動をした際に，その個体にとってよい結果（強化子）が起こればその行動が増え（強化），悪い結果（嫌子）が起こればその行動が減る（弱化）というように，結果が行動を増減させる機能をもつ学習形式をオペラント条件づけと呼ぶ。この方法を使えば，スキナー箱（オペラント条件づけに必要な仕掛けを備えた装置）のハトに，緑のランプがついた時に目の前の窓をつつくという行動を，その行動の直後にエサを与えることで学習させることが可能である。ここで，たとえば，赤のランプがついた時にエサを与えなければ，緑のランプがついた時のみ窓つつき行動が起こるようになる。つまり，窓つつき行動は，エサを与えるという環境側の反応を随伴させること（反応強化子随伴性）と，緑のランプという弁別刺激（刺激性制御）の両者によって制御されるのである。

このように，レスポンデント条件づけとオペラント条件づけに基づく行動療法では，行動を個体と環境との相互作用のみで説明し，人間が呈するさまざまな行動的問題を，動物にも等しく当てはまる学習の原理で理解することを可能にした。特定の行動が，環境要因との随伴関係によって学習され維持されていると考えるということは，環境要因が行動の変化を引き起こす「機能」をもち，行動が環境の変化を引き出す「機能」をもつと理解することになる。そしてそれは，客観的に測定し操作できる環境要因を変化させることによって，確実な行動変容（行動の強化・弱化・消去）を引き起こすことを可能にした。これは当時全盛であった精神分析と比較すると，微妙で複雑で広汎な「心の問題」は扱わずに，特定できる行動そのものの（第一水準の）変化を臨床的なターゲットにしたという点で対照的であった。

認知行動療法の発展

　ちなみに，行動療法でいう「行動」には，オペラント学習の原理を確立したB・F・スキナーが「生体の働きのうちで，外界に働きかけまたは交渉をもつもの」と定義づけたように，思考や感情も含められていたが，実際には必ずしも治療対象として扱いやすくはなかった。そのため，個人の思考や感情が大きく病気の症状と関係する大人のうつ病や不安障害などの問題には，行動療法を適用しにくい面があった。

　そこで，認知過程を行動の原因とする認知モデルに基づき，情報処理過程に問題があることを仮定したうえで介入する認知療法を中心とした介入法が，1970年代に登場した（第二世代）。認知モデルは，情報処理を担う脳機能とのかかわりが想定しやすいことから，構造面・身体面から人間の問題を捉える医学モデルとも相性がよく，臨床の現場での受け入れもよかった。また，ちょうど「エビデンスに基づく医療（EBM）」が精神医療に導入されてきたという時代背景とも相まって，疾患別にマニュアルを作成して，ランダム化比較試験で治療効果を実証するという「エビデンスに基づく心理療法」の代表格となり，大きく発展してきた。

　ちなみに認知療法が，注目する対象が「構造」と「機能」という点で大きく異なっていた行動療法の中にも導入され，認知行動療法として一般化した背景には，認知的な介入も第一水準の変化に焦点を当てるという点で，第一世代の行動療法と明らかな共通点があったからだと考えられる（つまり，お互いがカバーする範囲が狭い間は，問題のカテゴリー〔＝構造〕によって，住み分けや補い合いが可能なのである）。

　しかし，治療経験が重なるにつれて，情報処理モデルが大うつ病の再発のしやすさを予測できないこと[2]，共分散構造分析を用いた媒介分析（認知行動療法で治療した外来通院患者521名が対象）によって，想定された認知的媒介要因によって臨床的な効果が説明されなかったこと[3]，さまざまな技法を併せてパッケージ療法として使う認知行動療法プログラムの中で，代表的な認知的技法である認知再構成法が必須要素でない（付加的な効果をもたない）可能性があること[4,5]などの問題点が報告されるようになった。

そのような状況下で，先に述べたように学習理論側からも情報処理理論側からも新たな展開が認められるようになり，それが第三世代の認知／行動療法と呼ばれるようになってきたのである。本来まったく出自が異なる流れが，なぜ1つのグループとして捉えられるのかと言えば，いずれもが「認知の機能」に注目していることと，マインドフルネスとアクセプタンスという治療要素を重視していることで[6]，両陣営が本質的な共通点を持ち始めているという事実が関係しているように思われる。

以下では，まず，共通の治療要素として挙げたマインドフルネスやアクセプタンスとはどのようなものかを解説し，その後に，第三世代の認知／行動療法の共通特徴をもう一度まとめることで，読者の理解を図りたいと思う。

マインドフルネスの臨床応用

ここで一度，認知／行動療法の発展からは離れて，マインドフルネスとはそもそも何を意味しているのか，それがどのようにして臨床応用されてきたのかという点の説明をしてみよう。

マインドフルネスとは，今の瞬間の現実につねに気づきを向け，その現実をあるがままに知覚して，それに対する思考や感情には囚われないでいる心のもち方や存在のありようを意味する言葉であり[7]，2600年前にブッダが人生の苦悩から解放されるための要として提唱したものである[8]。

このマインドフルネスが医学や心理学の領域で広く知られるようになったのは，30年ほど前に，J・カバットジンがMBSR（マインドフルネスストレス低減法）という心理療法を開発したことによる[9]。カバットジンはマインドフルネスのことを，「瞬間瞬間立ち現れてくる体験に対して，今の瞬間に，判断をしないで，意図的に注意を払うことによって実現される気づき」であると説明している。このことから，マインドフルネスが実現されていれば，さまざまな認知が浮かんできたとしても，その影響を受けにくいことが予想されるであろう。

そして，この点に注目して開発されたのが，MBCT（マインドフルネス

認知療法）であった[2]。開発者のJ・D・ティーズデールらは，認知療法の専門家として，情報処理モデルに基づいて長年うつ病の治療にあたっていた。そして，反復性うつ病患者を対象に，同じくよくなった患者であっても，認知の歪み（自分・周囲・将来に対する悲観的すぎる考え方）が残っている者のほうが再発率が高いという仮説に沿って，再発メカニズムの研究を進めていた。

しかし，実際には，よくなっている時期における認知の歪みには，その後再発した者と，しなかった者との間で差はなく，その一方で差が認められたのは，ちょっとした抑うつ気分に反応して悲観的な思考パターンが出てきてしまうことと，そこで出てきた思考にさらに反応して悲観的な思考が次々と引き起こされること（反芻思考）であった。そこで，ティーズデールらは，寛解期においても，一時的に強くなる抑うつ気分やそれに反応して最初にフッと出てくる自動思考などの影響力を減じることができればよいと考えた。

そのためのグループプログラムを開発している途中でMBSRを知り，そこでのマインドフルネスの効力に注目した。つまり，マインドフルに思考や感情を観察できれば，それに動かされる程度も小さくなると考えたわけである。その後，大規模なランダム化比較試験によって，想定されたとおりの再発防止効果をもつことが実証された。そして，マインドフルネスと，その結果実現される「思考や感情から距離をとり，それが心の中の一過性の出来事に過ぎないことに気づく」メタ認知的気づき（metacognitive awareness）の有効性が広く知られることになったのである。

アクセプタンスとは

一方で，アクセプタンスとはどう理解すればよいであろうか。アクセプタンスは日本語では「受容」と訳されることが多いが，ロジャースの「受容」と同じものなのか，あるいは「障害受容」といった用法との共通点はどうなのか，などの理解が必要である。

端的にいうと，第三世代の認知／行動療法の中では，これまでの「受容」

とは大きく異なった意味で使われているので,「アクセプタンス」とカタカナで表記することが多いのである。この点についての理解を助けてくれるのは,治療法の名前にもアクセプタンスを含んでいるACT（アクセプタンス＆コミットメント・セラピー）における概念規定である[10]。

　ACTは,言語行動（複数の刺激を関係づけ,その刺激の機能を変える行動＝「関係フレームづけ」と呼ばれる）も対象に含めた行動分析学（臨床行動分析）に基づいた体系であり,思考,感情,記憶,身体感覚などの私的出来事も行動とみなして評価や介入の対象とする。そのため,本来的に認知の内容ではなく機能を重視する。この立場からは,「従来の認知モデルでは,1つの行動（特定の思考や信念）が別の行動（他の思考,言語表現,外顕的行動,回避など）の原因として扱われているが,『行動』とは環境との相互作用の中で規定される従属変数であって,原因とみなされる特定の思考や信念自体の生起が説明されなくてはならないという点が見落とされていた[11]」ということになる。

　私的出来事を行動とみなし,その機能を重視することを前提にして,ACTが人間の苦悩の原因として最も害が大きい行動とみなすのが,「体験の回避」である。これは,嫌悪的な状況だけでなく,それに対する自分の反応（嫌悪的な私的出来事）も回避する傾向のことで,不安感,抑うつ感などの不快感情,苦痛な記憶や痛みに結びついた思考や身体感覚などを避けようとする,それ自体は自然な傾向である。しかし,不安になりたくないといつもいつも思っていたら,ちょっと不安の兆しを感じただけでも飛び上がってしまうように,結果的に回避した私的出来事の影響力が強くなって（機能が変わって）しまう。そして長期的にも,回避している「体験」が日々の生活の中で増えてしまうことも確認されている[12]。

　そのうえ,何かを避けようとすることはその対象を直視しないことであるから,ピンポイントで避けることはできず,関連していそうなものも含めて回避することになる。つまり,ただでさえ影響力が強くなった対象がさらに拡大してしまい,それを回避するために懸命になる結果,それ以外の行動にエネルギーがまわせなくなってしまう。つまり,本来必要な行動レパートリ

ーが抑制されるというありがたくない結果も伴ってしまうのである。

そこで,「体験の回避」を減じる行動＝アクセプタンスが必要になる。アクセプタンスとは,嫌悪的な私的出来事に気づきながら,それと自分（観察している主体）との関係性を変えるための行動をしないでいることといえる。しかし,それは消極的な行動を意味するのではなく,今この瞬間の私的な体験の世界に対して,自動的に心を閉じてしまわないように意図的に努力すること,あるいは喜んで直面していくようにするウィリングネスと同義であるとみなされる。ここで,アクセプタンス／ウィリングネスとは,マインドフルネスの重要な構成要素であることが理解できるであろう。

この点については,フレッチャーとヘイズが,マインドフルネスを,アクセプタンス,脱フュージョン,「今,この瞬間」との接触,文脈としての自己,という4つの行動の機能に基づいて定義していることがたいへん参考になるが,脱フュージョン以下の3つについては,第13章で改めて説明したい。[13]

第三世代の認知／行動療法の特徴

これまで述べてきたように,認知の機能に注目し,マインドフルネスとアクセプタンスという治療要素を重視することが,新しい認知／行動療法の必要条件といってよいと思われるが,その結果どのような共通の特徴をもつに至ったかを次に説明してみたい。

それは,S・C・ヘイズに倣えば以下のようになる[1]。

①第一水準（主訴そのもの）の変化だけではなく,第二水準（文脈こみ）の変化を目標とする
②より文脈的な前提を採用する
③従来の直接的な変容方略に加え,より体験的で間接的な方略を採用する
④変化の焦点を広くとる

つまり,限定的に捉えられた行動や認知の問題を除去するだけではなく,人生の幅広い領域に適用できる柔軟で効果的なレパートリーを構築すること

を目指しており，そのために文脈に働きかけたり，体験的で間接的な変容方略を用いたりする，ということになるであろう．

文脈の重視ということ
　それでは，ここで出てきた「文脈」とは何を意味するのであろうか．通常この言葉が意味するのは，背景要因など，前面には立たないが物事に影響を与える要因といったことであろう．ACTでは，この「文脈」を重視する姿勢が非常にはっきりしており，それはみずからが拠って立つ認識論的立場を「機能的文脈主義」と呼んでいることからも理解できる．ACTは行動分析学の伝統に立つ体系であるため，ここでの「文脈」も，行動の機能との関係で定義されることになる．
　行動分析学にとっての「機能」とは，前記の「行動療法の発展」(22頁)の項でも述べたように行動の定義にかかわる概念であり，弁別刺激—行動—結果の連鎖の中で，相互に関数関係をもちながら及ぼし合う効果や影響のことである．しかしその場合，何を基準にして「機能的」（効果や影響がある）といえるのかを考える必要があり，その基準を与えるものが「文脈」になる．そこでまず，この連鎖の中の「行動」に注目すると，弁別刺激や結果が最も基本的な文脈を構成することになる．しかし文脈とは，さらにこの三項をひとまとまりと捉えることで，その外側に設定することもできる．たとえば，子どもにおつかいに行くことを覚えさせようとして，まず声をかけてお願いをして，帰ってきたらごほうびにお菓子をあげる，といった場面を考えてみた場合，それがたまたまおやつの時間の直後で子どものお腹がいっぱいになっている時では，あまり効果はないであろう．したがって，まずは子どものお腹を空かせた状態にしておく必要があるのだが，このようにお菓子を強化子として成り立たせるための操作のことを「確立操作」と呼ぶ．
　このように，文脈とは，弁別刺激—行動—結果の連鎖で，お互いの機能に影響を与える広い意味での「内的・外的環境」のことであり，行動のどのレベルに注目するかによって，ここで例として挙げた「弁別刺激・結果」や「確立操作」の他にも，「学習歴」，自己ルール（ある状況で，特定の行動を

すれば，相応の結果が得られるという言語的理解），クライエント自身が選択した人生の方向性を意味する「価値」なども含まれてくる。したがって，ACTによる介入では，個々の問題へのアプローチに加えて，「価値」を明確化することや，それと関連づけた（「人生の幅広い領域に適用」される）治療目標を設定することが非常に重視されることになる。

また，認知の機能とのかかわりで言えば，通常われわれは「考えていることを自動的に事実と思う」（認知的フュージョンが起きる）文脈の中で生きているのだが，そこで「考えていることと事実は違う」ことを意識するという文脈に切り替えること（ACTの脱フュージョン）ができれば，それだけで，考えている内容が変わらなくても，その機能が変わることになる。[14]

一方，MBCTは，もともと認知療法の伝統から生まれた方法であるが，マインドフルネスの導入とメタ認知的気づきへの注目を介して，やはり文脈を重視する立場に至っている。それは，「すること」モードと「あること」モードという言葉によってよく表現されている。前者は，何か目的を実現するために問題解決的に考え，それに基づいて行動している時のことを指しており，通常の生活では，ほとんどの場合このモードで過ごしているであろう。それに対して，後者は，マインドフルネス瞑想をしている時の体験について述べたものであり，自分の中に浮かんでくる思考や感情に気づきながらも反応せず，ただそこにいるという状態を意味している。

この2つのモードを区別して体験できるようにすることで，反芻思考に巻き込まれている時に，モードを変えて，その思考の機能を変えることができるようになる。そして，この全体の体験を通して，いつも「すること」モードで駆り立てられ続けるのではなく，時には「あること」モードに切り替えられるようにするといった「人生の文脈」を自分で選択していくことの重要性に気づくことができるようになる。

まとめ

以上，本章では，第三世代の認知／行動療法と呼ばれる一群の治療体系が

もつ共通点について，まずはその必要条件ともいえる，認知の「機能」の重視，マインドフルネスとアクセプタンスという介入要素の説明を行った。そしてそれを受けて，第二種の変化の重視（文脈への注目とそれへの介入），体験的で間接的な変容方略の採用，柔軟で効果的なレパートリーの構築を目指すことなどが共通した特徴になっていることを説明し，とくに文脈の重視という点について，ACTとMBCTの例を引きながら解説した。

〔文 献〕

1) S・C・ヘイズ（武藤崇訳）「アクセプタンス・コミットメント・セラピーと新しい行動療法―マインドフルネス，アクセプタンス，そして関係性」S・C・ヘイズ，V・M・フォレット，M・M・リネハン編著（武藤崇，伊藤義徳，杉浦義典監訳）『マインドフルネス&アクセプタンス―認知行動療法の新次元』ブレーン出版，2005年

2) Z・V・シーガル，J・M・G・ウィリアムズ，J・D・ティーズデール（越川房子監訳）『マインドフルネス認知療法―うつを予防する新しいアプローチ』北大路書房，2007年

3) Burns, D.D., Spangler, D.L.: Do changes in dysfunctional attitudes mediate changes in depression and anxiety in cognitive behavioral therapy? *Behavior Therapy* 32: 337-369, 2001.

4) Jacobson, N.S., Dobsons, K.S., Truax, P.A. et al.: A component analysis of cognitive-behavioral treatment for depression. *Journal of Consulting and Clinical Psychology* 64: 295-304, 1996.

5) Dobson, K.S., Khatri, N.: Cognitive therapy: looking backward, looking forward. *Journal of Clinical Psychology* 56: 907-923, 2000.

6) Baer, R.A., Huss, D.B.: Mindfulness- and acceptance-based therapy. In: Lebow, J.L. (ed.): *Twenty-first century psychotherapies: contemporary approaches to theory and practice*. John Wiley & Sons, 2008.

7) 熊野宏昭『マインドフルネスそしてACTへ』星和書店，2011年

8) ラリー・ローゼンバーグ（井上ウィマラ訳）『呼吸による癒し―実践ヴィパッサナー瞑想』春秋社，2001年

9) J・カバットジン（春木豊訳）『マインドフルネスストレス低減法』北大路書房，2007年

10) 武藤崇編『アクセプタンス&コミットメント・セラピーの文脈―臨床行動分析によるマインドフルな展開』ブレーン出版，2006年〔絶版，改訂新版：武藤崇編『ACT（アクセプタンス&コミットメント・セラピー）ハンドブック―臨床行動分析によるマインド

フルなアプローチ』星和書店，2011年〕

11) Forsyth, J.P., Sheppard, S.C.: Behavior therapy and behavior analysis: overview and third-generation perspectives. In: Richard, D.C.S., Huprich, S.K.(eds.): *Clinical psychology: assessment, treatment, and research.* Elsevier Academic Press, 2009.

12) 及川晴『思考抑制の3要素モデル』風間書房，2011年

13) Fletcher, L., Hayes, S.C.: Relational frame theory, acceptance and commitment therapy, and a functional analytic definition of mindfulness. *Journal of Rational-Emotive and Cognitive-Behavior Therapy* 23: 315-336, 2005.

14) ジェイソン・B・ルオマ，スティーブン・C・ヘイズ，ロビン・D・ウォルサー（熊野宏昭，高橋史，武藤崇監訳）『ACT（アクセプタンス＆コミットメント・セラピー）をまなぶ―セラピストのための機能的な臨床スキル・トレーニング・マニュアル』星和書店，2009年

第3章
本来のマインドフルネスとはどのようなものか

はじめに

　前章では,「新世代の認知行動療法に共通するもの」として,これまでの認知／行動療法の展開を踏まえたうえで,その必要条件ともいえる,認知の「機能」,そしてマインドフルネスとアクセプタンスという介入要素の重視という点についての解説を行った。

　そこでは,マインドフルネスが,MBSR（マインドフルネスストレス低減法）やMBCT（マインドフルネス認知療法）を通して,医療や臨床心理学の領域に導入された経緯については述べたが,マインドフルネスそのものがどのような状態や行動を表しているのかという点については十分に解説することはできなかった。

　これからさまざまな治療体系について解説していくなかで,それぞれの体系の基盤となる文脈に沿ったかたちでのマインドフルネスの導入や援用について述べていくことになるが,そもそも本来のマインドフルネスとはどのようなものかを理解しておかないと,どのように導入や援用されているのかも十分には理解できないであろう。

そこで本章と次章の2章で，2600年前にブッダが提唱したマインドフルネスとは本来どのようなものであったのか，具体的に理解してもらえるように論を進めてみたいと思う。その理由としては，新世代の認知／行動療法の各治療体系については，すでに多くの優れた訳書やわが国の研究者による著書も刊行されている一方で，認知／行動療法を専門的に学ぼうとする読者のために，マインドフルネスを具体的に紹介している文献がほとんどないという状況に改めて気づいたということがある。そこで，少々回り道になるのは覚悟のうえで，十分な解説を行っておくことにも意味があると考えてのことである。

「今，ここ」に気づくこと

マインドフルネスとは，パーリ語（ブッダが日常会話で使っていた言葉）のサティという言葉の英訳で，日本語では「気づき」，漢語では「念」と訳されている。「気づき」や「念」と言えばとくに新しくは感じないかもしれないが（実際に2600年前に提唱され，わが国にも大昔に導入された概念である），ここで原語に戻って，その意味が十分に理解されているかどうかを検討してみよう。

仏教者としての立場からマインドフルネスについて積極的に情報発信している井上ウィマラによれば，サティはSarati（思い出す）という動詞の名詞形にあたる。それがどうして「気づき」につながるのかという点について，井上は次のような思考実験を紹介している。[1)]

　5年前の出来事をひとつ思い出してみます。思い出しながら感じていることも確認します。次に，3年前，2年前，1年前のことを何かひとつ思い出してみます。今度は半年前，3ヵ月前，1ヵ月前のことを思い出してみます。思い出す出来事が近くなるにつれて，思い出すことや，思い出しているときの感情や，思い出し方などに何か変化はありますか？
　さらに今度は1週間前のこと，昨日のこと，1時間前のことを思い出し

てみましょう。最後に，1分前のこと，1秒前のことを思い出してみてください。

この実験の結果わかってくるのは，何かを認識したり，考えたり，思い出したりするためには，ある程度の時間が必要であり，それよりさらに近い過去のことを思い出そうとすると，今ここで見えたり聞こえたり身体で感じている感覚体験の流れに触れるだけで時間が過ぎ去るようになるということである。

そしてこの行為は，日常レベルでの思考の枠を超えて，感覚の流れに直接触れる体験をもたらし，"世界"の中で"私"が生きている」という時間・空間概念を媒介とした自我レベルでの認識の構図を消失させる。つまり，観察する主観と観察される対象との分離がなくなり，意識に触れるあらゆるものが，「これは○○だ」という認識が成立する前に，迅速に流れ去っていく。

マインドフルネスとは，以上のように，日常的な思考の枠組みや思い込みを超えて，今ここで起こっていることをありのままに体験し，直感的に知ることを意味しており，通常われわれが「気づき」という言葉から連想する「日常的な自我が認識によって知る行為」とはまったく異なったものであると理解することが，その実践の出発点になる。

マインドフルネスのルーツ

さて，2600年もの昔に，ブッダはどんな理由があってマインドフルネスを推奨したのであろうか。その理由をうかがうためには，ブッダ自身が説いたマインドフルネスの根本経典の一つとされる「呼吸による気づきの教え」（アーナーパーナサティ・スッタ）をみてみると参考になる。

経典とはお経のことであり，大部分の日本人にとっては，仏事の際に耳にする，美しくも眠気を誘うほとんど意味のとれない音の連続以上のものではないであろう。あるいは，線香の匂いや鐘の音や古びたお寺などが思い浮かび，熱心な仏教徒以外の人にとっては普段の生活から遠いところにあるもの

という印象を引き起こすかもしれない。しかし，経典とは，仏教の修行者を対象にした，生活規律を説明する律蔵，ブッダの説法をまとめた経蔵，分析的瞑想心理学を説明する論蔵から構成されるマニュアル・テキスト集と考えてみたほうが，その本質の理解がしやすい。

　前記の「呼吸による気づきの教え」の中核となる部分を表1に掲載したが，一見してわかるように，それぞれ4つの文章からなる4つのパートから構成されており，まるで結晶でも見るかのような，とてもシンプルで美しい構造をしている。そして，16の文章の末尾が，1と2で「……と知る」となっている以外は，すべて「……と訓練する」となっていることからも，「呼吸による気づき」を実践するためのトレーニング・マニュアルになっていることが理解できるであろう。

　そうはいっても，実際にこれらの文章が意味することを理解するためには，専門家による助けが必要であるが，幸いなことに日本語でも，この経典の解説である，井上ウィマラの『呼吸による気づきの教え』[1]，ラリー・ローゼンバーグの『呼吸による癒し』[2]などを読むことができ，どちらでもとてもわかりやすく具体的な説明がなされている。

　たとえば，井上によれば，この経典は「呼吸を，4つの領域（身，受，心，法）から，16の視点で見つめるトレーニングシステム」を説明したものであるとされている。

　もう少し具体的にいうと，身体，感受（五感と思考で内外の環境を捉える働き），心の感情面（欲・怒り・迷いなどにかかわる心の状態）のそれぞれに関連した4つずつの側面を，順番にマインドフルに観察していく訓練ということになる。そしてその目的が，4つ目の法則性に関する組で説明されている事実の体験的理解なのである。

　それでは，次にそれぞれの組で説明されていることの要点を，簡単に説明してみよう。

表1 呼吸による気づきの教え（アーナーパーナサティ・スッタ）
（パーリ語原典より，井上ウィマラ訳，文献1より引用）

修行者は森に行き，あるいは樹下に行き，あるいは空屋に行って，足を組んで坐り，身体をまっすぐに保ち，対象に満遍なく気づきを向け，気をつけて息を吸い，気をつけて息を吐く。

最初の四考察（身体に関する組）
1. 長く息を吸っているときには，「長く息を吸っている」と知り，長く息を吐いているときには，「長く息を吐いている」と知る。
2. 短く息を吸っているときには，「短く息を吸っている」と知り，短く息を吐いているときには，「短く息を吐いている」と知る。
3. 「全身を感じながら息を吸おう」と訓練し，「全身を感じながら息を吐こう」と訓練する。
4. 「身体の動きを静めながら息を吸おう」と訓練し，「身体の動きを静めながら息を吐こう」と訓練する。

第二の四考察（感受に関する組）
5. 「喜びを感じながら息を吸おう」と訓練し，「喜びを感じながら息を吐こう」と訓練する。
6. 「リラックスしながら息を吸おう」と訓練し，「リラックスしながら息を吐こう」と訓練する。
7. 「心の動きを感じながら息を吸おう」と訓練し，「心の動きを感じながら息を吐こう」と訓練する。
8. 「心の動きを静めながら息を吸おう」と訓練し，「心の動きを静めながら息を吐こう」と訓練する。

第三の四考察（心に関する組）
9. 「心を感じながら息を吸おう」と訓練し，「心を感じながら息を吐こう」と訓練する。
10. 「心を喜ばせながら息を吸おう」と訓練し，「心を喜ばせながら息を吐こう」と訓練する。
11. 「心を安定させながら息を吸おう」と訓練し，「心を安定させながら息を吐こう」と訓練する。
12. 「心を解き放ちながら息を吸おう」と訓練し，「心を解き放ちながら息を吐こう」と訓練する。

第四の四考察（法則性に関する組）
13. 「無常であることを繰り返し見つめながら息を吸おう」と訓練し，「無常であることを繰り返し見つめながら息を吐こう」と訓練する。
14. 「色あせてゆくのを繰り返し見つめながら息を吸おう」と訓練し，「色あせてゆくのを繰り返し見つめながら息を吐こう」と訓練する。
15. 「消滅を繰り返し見つめながら息を吸おう」と訓練し，「消滅を繰り返し見つめながら息を吐こう」と訓練する。
16. 「手放すことを繰り返し見つめながら息を吸おう」と訓練し，「手放すことを繰り返し見つめながら息を吐こう」と訓練する。

身体に関する気づき

　まず，身体に関する組の最初の2つは，呼吸をコントロールしないで，そのままにしておく，ということを意味している。さまざまな「呼吸法」の訓練では，身体と心の接点に位置する（自動的にも意識的にも行うことができる）呼吸を，意識的にコントロールすることによって，心身の働きを整えていこうとすることが多いが，ここではそういった意識的努力から離れ，さまざまな呼吸とそれに伴う心身の状態を観察することが目的である。

　具体的な方法は，次章の「マインドフルネスの座る実践」の項を見てほしいが，この訓練によって，第2章（26頁）でも紹介した「アクセプタンス」の体験的理解が可能になる。

　私が専門にしている心療内科では，心身相関に基づいて身体的症状と心理行動面とのかかわりを評価し，心理行動面に介入することによって，患者が呈する身体症状や身体的問題の改善を図るというのが治療の基本的な方法論である。

　このように書くと，心理行動面を介して身体面をコントロールすることを目的としているように思われるかもしれないが，もともと身体疾患がない身体表現性障害や不安障害の患者の場合は，むしろ「身体のことは身体に任せるように」したほうがうまくいくことが多い。その理由は，身体自体にホメオスタシスを維持する力があり，そこにわれわれの心が介入すると，余計な雑音になってバランスを崩してしまうことのほうが多いからである。

　たとえば，ちょっと急いで歩いた時にドキドキしたとする。それは立ち止まってしばらく休めば元に戻るのだが，そこで「何だろう，このドキドキは？　心臓でもおかしいのかな，病院に行ったほうがいいのかな」などと考えてしまうと，それだけ不安が強くなり，さらにドキドキしてしまって，なかなか治まらなくなってしまうであろう。つまり，ここでは，身体のことをアクセプトするという心の使い方を身につけてもらうことが重要になるのである。

感受に関する気づき

4つの領域のうち最も重視されるのは、実はこの感受の領域であるとされている。そして、感受の扱いに関するブッダの言葉が、テーラワーダ仏教（初期仏教、上座部仏教とも呼ばれ、タイ、ミャンマー、スリランカなどでさかんな仏教）の中で大切に伝承されてきており、日本語でも数多くの本を出版しているアルムボッレ・スマナサーラの法話で読むことができる。[3]

それは、バーヒヤという元商人がブッダから聞いた途端に完全な悟りを得た言葉とされるもので、以下のように語られている。

> 見るものは見ただけで、聞くものは聞いただけで、感じたものは感じただけ、考えたことは考えただけでとどまりなさい。そのときあなたは、外にはいない。内にもいない。外にも、内にもいないあなたはどちらにもいない。それは一切の苦しみの終わりである。

われわれが対象と接するのは、感受を通してである。この場合、五感はわかりやすいが、仏教では実は思考も一種の感覚器と捉えている（合わせて六根という）。五感が主に外界の変化に反応するのに対して、思考は脳の変化に反応していると考えてみたらよいであろう。たとえば、寝ている時に夢を見るのは、脳の活動を思考が捉えているということになるし、五感が引き起こした脳の変化に思考が反応するという場合もあるだろう。

ただ、ここで思考と呼ばれているものが、ある刺激に反応してフッと浮かんでくる思考（自動思考）やイメージに相当しているという点に注意が必要である。ある思考が刺激となって、ああでもないこうでもないと次々に考え続けている状態（反芻思考）は、ここで言っている思考とは別物である。

われわれが何かを見たり聞いたりする時には、必ずそれに対していろいろなことを思い浮かべて「反芻」している。たとえば、オリンピックでスポーツ選手がすばらしい活躍をしているのを見て、「もともと能力があるんだろ

うな」「あれだけ成功すれば悩みはないだろう」「異性にもモテるだろう」「いやいや、日常生活を犠牲にしてきたに違いない」などなど、評価・比較・理由づけなどを含む考えが際限なく浮かんでくるのは、多くの人が経験することであろう。これが、自分が「外にいて」、対象への勝手な解釈を作り出しているという状態である。

　でもその時に、もう少し注意して自分の考えていることを観察してみると、同時に自分についていろいろと考えていることに気づくことも多い。先ほどの例であれば、「それに比べて自分には能力ないしな」「悩みも深いし」「異性にもモテないよな」「でも日常生活は大切にしているぞ」……などなどである。つまり、外的な対象に勝手な解釈をするのと同時に、自分に対するやはり勝手なイメージを膨らませてしまっている。これが、自分が「内にいて」、そのイメージに縛られてしまっているという状態である。

　そのため、ここでのポイントは、感受を感受の状態にとどめて（感受のことは感受に任せて）、思考を外にも内にも広げない、そして概念化された「私」を作り出さない、ということになる。

心の感情面に関する気づき

　3つ目の組で取り上げる「心」とは、感受に基づいて思考が展開する結果生まれてくるものであり、感情に近い内容とされる。それは仏教では煩悩と呼ばれるものに相当し、代表的なものが貪瞋痴(とんじんち)である。

　貪は欲、瞋は怒り、痴は迷い・混乱・無知を意味しており、そのなかでも痴が「心」の根本的な働きとされるが、『呼吸による癒し』の原書を見ると、痴はdelusionという語とともに、selfing（自己を作り出す）という言葉でも表現されている。つまり、それは自分でないものを自分であると勘違いする心の働きを意味しており、先に述べた感受に基づいていろいろと考えて自分を作り出すことが止まらなくなると、強い欲や激しい怒りと自己（観察する主体）を同一視してしまうことになる危険性が示唆されているのである。

ここでさらに考察を進めると，「自分」（一貫したアイデンティティ）というもの自体が，思考が作り出した構成概念に過ぎないことも理解できる。つまり，前記の思考実験で残ったのは，瞬間瞬間の自分（五感＋自動思考で内外の環境を観察する働き）のみであり，それとても対象との間に分離はなく時々刻々変わるものであるから，「一貫したアイデンティティ」には相当しない。それ以外に，どのように自分を規定してみたとしても，それはごく限られた条件下で一過性に成り立つものに過ぎないということになり，迷いが作り出した自己イメージということになるだろう。
　そこで，この「心」に対してどのような戦略をとるかというと，ここでも，そこに欲，怒り，迷いがあることにまずは気づくこと，そしてそのままにしておくことによって，それ以後の増殖が止まり自然と消えていくようにすることを目指すことになる。
　そして，ここでもう一つ大切なのは，欲，怒り，迷いに対する執着を手放せた時の感じを，執着が強かった時と比較しながらしっかりと観察しておくことである。何か欲しくてたまらなかったものをあきらめたり，強い怒りを感じる相手を受け入れたりした時に，何とも言えない清々しい気持ちを感じたことがある人もいるのではないだろうか。そのような対比を繰り返し観察することによって，われわれは，実は「何も握り締めていないし，誰とも戦っていないし，どこにも向かっていない」ということに気づくことが，心に関する組での大きな目的になる。
　つまり，身体のことは身体に，感受のことは感受に任せるのがよかったように，心のことも心に任せるのが一番よいということである。また，実際のマインドフルネスの実践の手順としては，これまでに説明したことから，呼吸への気づきで止まることができれば，感受を気づきの対象にする必要はないし，感受への気づきで止まることができれば，心を気づきの対象にすることもないことが理解できるだろう。

第3章　本来のマインドフルネスとはどのようなものか　41

思考の素性

　さて，これまでのところで，思考（反芻思考）が人間にとっての根本的な問題を生み出していることを指摘してきた。しかし，なぜ思考がこれほどまでに問題とされるのだろうか。
　それは，世界は非常に複雑なのに，思考で捉える際にはどうしたって限られた言葉しか使えないので，その一断面を切り出すことしかできないからといってよいだろう。それなのに，われわれは考えた内容を，自動的に対象や自分に備わった性質のように思ってしまうのだから，大変なことになる。そして，現実はつねに変わり続けているので，仮に言葉にした際にはかなり正確に表現できていたとしても，あっと言う間にずれていってしまうことも想像にかたくないだろう。
　われわれは，通常は目が覚めている限り，つねに何かを考えているので，普通は思考のない状態など想像することもできない。しかし，前記の思考実験で体験したように，日常的な思考の枠組みから離れて，今ここで起こっていることをありのままに体験し，直感的に知ることはできる。
　つまり，思考がなくても感受は働くのである（もっとわかりやすくいうと，考え続けなくても，五感＋自動思考〔六根〕で対象の理解はできる——もっともこの状態では観察主体と対象の分離は起きていない）。これは，たとえば目の前の景色について，そのこまかな特徴を小説のように言葉で表現する理解の仕方ではなく，一目見た途端に何かがつかめてしまうような理解の仕方と考えてみるとよいだろう。
　実際に，歩きながらマインドフルネスを実践する場合には，呼吸に合わせて歩きながら，吐きながら1，2，3（右，左，右），吸いながら1，2，3（左，右，左）と，地面につく足の裏の感覚に気づきを向けていくことがある。その時に，足の裏に気持ちを向けながらも周囲を見渡すようにしてみると，よく知っている場所でも，今まで気づかなかったような景色のディテールや色合いがとてもヴィヴィッドに感じられることが少なくない。

つまり、五感＋自動思考だけが働くようにしたほうが、対象の正確な認識ができる可能性があるということであり、マインドフルネスはそのような状態を目指しているのである。

マインドフルネスの力

『呼吸による癒し』の著者のローゼンバーグは、思考がさまざまな問題を作り出すのとは逆に、マインドフルネス（気づき）のほうに心の働きに由来するすべての問題を解消する力があるという観点からの考察を行っている。とてもわかりやすく解説されているので、一部引用してみたい。[2]

> （気づきには）色も重さもなく、摑むこともできないのに、ただそれ自体で極めて力強いのです。気づきを痛みや不快な感受に向けると、変容が起こります。卑金属を金に変容させるといわれている古代の錬金術のようなものです。ここで卑金属にあたるのが私たちの中にある渇望、嫌悪、迷妄です。火にあたるのは気づきで、密閉された容器は集中です。できあがってくる金にあたるのが解放（解脱）。……あなたは何も変えようとはしていません。気づきそのものが変容の力をそなえた微妙なエネルギーなのです。

つまり、「見るものは見ただけで、聞くものは聞いただけで、感じたものは感じただけ、考えたことは考えただけで」とどまることを可能にしているのは、そこに作用しているマインドフルネスの力そのものであったというわけである。

ブッダの最期の言葉は「気づきを怠るな」であったとされるが[4]、その結果どのような境地が実現するのであろうか。先に述べたことから、マインドフルネスに、痛み、不快な感受、欲・怒り・迷いの感情などあらゆる私的出来事（「心」の中の出来事）を変容する力が備わっているとすると、すべての私的出来事は気づきを向けることによって、その増殖が止まり自然と消えて

いくことになる。そうなると，最終的には，今の瞬間に対する気づきのみがずっと連続していくような，思考が生まれる以前の生命の躍動感にあふれた世界が広がっていくことになるのかもしれない。

法則性に関する気づき

さてしかし，社会の中で生活をしていると「今，ここ」にだけは生きていられず，呼吸，感受，心への気づきも途切れてしまうことが少なくない。それに気づいて我（観察する主体）に返ること自体が，マインドフルネスの実践になるのであるが，そうなるとさらにひとまわり広い現象を観察の対象にする必要が生じる。

つまり，そもそも，呼吸，感受，心に現れる現象はどのような法則性に従っているのか，ということに気づくことが目標になる。そして，法則性といった場合には，外界の公的出来事の性質も観察の対象になる。

その結果，すべての私的出来事・公的出来事は変わり続けていく一過性の出来事に過ぎない（無常），そのように一過性のものに執着すると失望を繰り返し味わうことになる（苦），そして，どこにも不変の自分などは存在しない（無我），という事実自体がマインドフルに観察されることになる。

先に，痛み，不快な感受，欲・怒り・迷いの感情などすべての私的出来事の増殖を止めるのはマインドフルネスそのものの力であると述べたが，ここで，その増殖が止まったあとに，自然と消えていく理由が，実は現象（あらゆる出来事）そのものがもつ「無常」という性質に由来していたことがわかってくる。

また，欲や怒りを持ち続けた場合，変化し続ける対象に執着する結果，失望を繰り返し味わうことになること（苦）や，迷い（selfing）が最も根本的な勘違いである理由（無我）も，すべての出来事の無常という性質に基づいて理解することができるようになる。

そして，前記のような根本的な事実を透徹して観察した結果，われわれの存在自体に備わっている「智慧」が現れてくるとされている。智慧とは，事

実と出会った瞬間に，その本質を見極める力とされ，迷いの対極にある状態とされる。それがマインドフルネスが目指す地点ということになるのであろう。

まとめ

近年，欧米で発表されるマインドフルネスの文献では，MBSRを実践するビショップらのグループが2004年に発表した操作的定義が用いられることが多い[5]。それは次のように定義されるが，本章のまとめとして参考にしてもらえればと思う。

①一瞬一瞬の体験に意図的に注意を向け続けること
②今の瞬間の体験に対して心を開き，好奇心をもって，アクセプトする（そのままにしておく）こと
③結果的に，思考や感情に対して脱中心化した視点を獲得し，主観的で一過性という「心」の性質を見極めること

井上は最近，「マインドフルネスは，西洋に伝わった仏教瞑想の総称」であり，「ティック・ナット・ハンやダライ・ラマを象徴的なリーダーとするエンゲイジド・ブッディズム（社会参加する仏教）においても，マインドフルネスはその実践の中核的基盤として重要な役割を担っている」と説明している[6]。そして，さらに続けて「仏教の瞑想法は，伝統的仏教では止観すなわち精神集中によるサマーディの養成（止）とありのままを洞察する智慧としてのヴィパッサナー（観）の2つの要素からなる訓練法として系統的に説明されてきた。マインドフルネスは，集中力とありのままを洞察する智慧の両者を含む心のあり方である。日本語に訳すとすれば『心をこめた生き方』にあたるのではないだろうか」と述べている[6]。本章での説明や前記の操作的定義と合わせてみると，日々の生活の中でマインドフルネスがどのように実践されるのかが，多少とも実感を伴って理解できるのではないだろうか。

本章で説明してきたのはマインドフルネスの原理の部分であったが，次章ではその実践の具体的な方法論を紹介していきたい。それによって，本書の

後半で説明するさまざまな治療体系が，マインドフルネスのどこをどのように援用しているか，あるいは，それぞれの体系が介入要素に求めるどの機能がマインドフルネスのどの機能と重なっているか，さらには，人間に対する本質的な理解がどこまで重なっているのかといった点について，より明確に理解してもらえることになると考えている．

〔文　献〕
　1）井上ウィマラ『呼吸による気づきの教え―パーリ原典「アーナーパーナサティ・スッタ」詳解』佼成出版社，2005年
　2）ラリー・ローゼンバーグ（井上ウィマラ訳）『呼吸による癒し―実践ヴィパッサナー瞑想』春秋社，2001年
　3）アルボムッレ・スマナサーラ「実る生き方―明日では遅すぎる」パティパダー巻頭法話No.35（http://www.j-theravada.net/howa/howa35.html），1998年
　4）アルボムッレ・スマナサーラ「『いまの瞬間』―思い出が心を汚し，空想が心を乱す」パティパダー巻頭法話No.10（http://www.j-theravada.net/howa/howa10.html），1995年
　5）Bishop, S.R., Lau, M., Shapiro, S. et al.: Mindfulness: a proposed operational definition. *Clinical Psychology: Science and Practice* 11: 230-241, 2004.
　6）井上ウィマラ「心をこめた生き方」第10回赤坂精神医学懇話会，2009年

第4章
マインドフルネスはどのようにして実践するか

はじめに

　前章では，マインドフルネスの根本経典の一つである「呼吸による気づきの教え」を引きながら，マインドフルネスの原理的側面が理解してもらえるように解説を行った。
　その際，ブッダの最期の言葉である「気づきを怠るな（絶やすな）」を紹介したように，マインドフルネスとは日々の生活の中でつねに実践されることで意味をもつものである。
　そして，マインドフルネスの実践には次の3点が含まれていることを，S・R・ビショップらの操作的定義とも対比させながら理解してもらえたと思う。
　①呼吸に伴う身体感覚，五感と自動思考，感情などの私的事象に，「今，ここ」で注意を向けること
　②注意を向ける私的事象に対して，排除しようとしたり同一化したりすることなく，そのままにしておくこと
　③その結果，すべての私的事象は自己概念も含めて変わり続けていく一過

性の出来事に過ぎず，変わり続けるものに執着すると苦しむことになるという洞察を得ること

　また，正式な訓練法として行う場合にはマインドフルネス瞑想と呼ばれることもあるが，とくにその目的として③が強調される場合には，ヴィパッサナー（ヴィ＝正しく，パッサナー＝観察するの義）瞑想と呼ばれ，1つの対象に集中することで通常の（五感＋思考の働きに基づく）心の働きを止め，その背後にあるより微妙な心の働きを引き出す（最終的にはすべての心の働きを止める）ことを目的とするサマタ瞑想と対比される。

　本章では，前記のような特徴をもつマインドフルネスの実践を，具体的にどのように進めていくのかを，日本語でわかりやすく読めるアルボムッレ・スマナサーラによる『自分を変える気づきの瞑想法』[2]やラリー・ローゼンバーグの『呼吸による癒し』[3]などを参照しながら，順次解説していきたい。

マインドフルネス実践の必要条件

　スマナサーラは，ヴィパッサナー瞑想に必要な3つの条件として，ノンストップの実況中継，スローモーション，身体の感覚を感じること，を挙げており，マインドフルネスの実践の必要条件を知るうえでたいへん参考になる。

　ノンストップの実況中継とは，自分が，今，何をしているかを，心の中ではっきりと確認することである。今の瞬間に集中して観察し，それを途切れることなくノンストップで行うことが強調される。また，この場合の自分とは「自分の身体」を指しており，たとえば，手を上げる時には，「上げます」「上げます」「上げます」と心の中で言う作業になる。

　この方法は，今の瞬間にとどまることで，反芻思考を生じさせないことを目的としている。なぜならば，反芻思考の対象は，過去か未来にしかないからである。認知行動療法の研究や介入の対象としてもこの反芻思考は注目されており，過去のいやなことをいろいろと思い出して悩むこと（反芻）がうつ状態の悪化と関連し，将来のことをいろいろと思い浮かべて案じること

（心配）が不安の増大と関連していることは，よく知られている。

　ここでは，今の瞬間に注意を向けると同時に，観察した自分の動作を言葉にしているが，その言葉が，やはり言葉によって展開する他の思考に対する拮抗反応になり，それを抑える助けになっているものと考えられる（また，自分の「身体」がしていることを対象にすることで，「心」の中の出来事である思考との混線を防いでいる）。そしてその結果，反芻思考に対して費やしていた注意資源が解放され，さらに今の瞬間を観察する力が高められることになる。

　次に，スローモーションとは，自分にとってこれ以上ゆっくりできないと思えるくらい，極力ゆっくりと身体を動かしてみることであり，集中力を高めることを目的としている。そしてそれと同時に，先ほど説明したノンストップの実況中継が行われる。

　たとえば，手を上げる時は，その動作をスローモーションで行いながら，「上げます」「上げます」「上げます」と実況中継していくわけであるが，それによって，集中力という"容れ物"の中で今の瞬間を観察するという行動が持続していくことになる。それは，通常の時間の流れから離れて，「今，今，今……」と今の瞬間が持続していく状態といってもよい。そして，この結果もたらされる知覚は，第3章（34頁）で紹介した井上ウィマラによる思考実験でもたらされる「今ここで起こっていることをありのままに体験し，直感的に知ること」に通じるものになるだろう。

　最後に，身体の感覚を感じることとは，自分の動作に伴う身体の感覚を感じることであり，そこで感じたことに対して何も解釈せず，そこでとどめるようにすることが強調される。この方法は，前章で最も重要なポイントとして説明した「感受を感受の状態でとどめて，思考を外にも内にも広げない，そして概念化された『私』を作り出さない」ということを目的としている。

　以上の3つを合わせると，たとえば，手を上げる時には，スローモーションで少しずつ手を動かし，その動きに伴う微妙な身体の感覚の変化を感じ取りながら，それに対しては何も解釈をせず，「上げます」「上げます」……と実況中継していく，ということになる。それによって，今の瞬間に身体に生

じている感覚を正確に知るといった体験が実現するが，それは逆に，通常の意識状態でわれわれが行っていること——一瞬たりとも感受にとどまることをせず，絶えず外的な対象に勝手な解釈を押しつけると同時に，自分に対する勝手なイメージを膨らませること——との鋭い対比をもたらす。そしてその対比への気づきが，ヴィパッサナー瞑想が目的とする，すべての私的・公的出来事がもつ普遍的法則（無常・苦・無我）への洞察につながることになる。

歩くマインドフルネス瞑想

先に述べたとおり，マインドフルネスは日常生活の行住坐臥においてつねに実践されることで意味をもつが，正式な訓練法として行われる場合は，歩く瞑想，立つ瞑想，座る瞑想として実践されることが多い。そのなかでも，ノンストップの実況中継，スローモーション，身体の感覚を感じることの3つの必要条件が最もわかりやすいかたちで実践できるのが，歩く瞑想である。

この方法については，『呼吸による癒し』にたいへんわかりやすく解説されているので，おおむねそれに沿って，『自分を変える気づきの瞑想法』も参照しながら具体的な方法を説明してみよう。

まず，小さな歩幅で15〜20歩くらい歩くことができる，障害物のない場所を選ぶ。そしてバランスのとれた姿勢で立ち，そこで呼吸をしている身体に注意を向ける。両手は前に組んでも，背中で組んでも，身体の両側にぶら下げてもよいが，組んでおいたほうがバランスがとりにくくなり，そのぶん歩行に集中しやすいとされることもある。

そして，最初に吸う息を待ち，吸う息が始まるにつれて，「右足，上げます」と心の中で言いながら右足を上げる。踵が先に，次に足の裏，そしてつま先が上がる。吸う息が続いている間に「運びます」と言いながらその足を前に進め，そして息を吐き始めるにつれて，「下ろします」と言いながらその足を地面に下ろし，一歩を踏み終わる。踏み下ろす足の踵は，もう一方の足のつま先よりほんの少し先にくる。それから次の吸う息を待って，左足で

同じような歩みをする。

　ここで重要なのが，呼吸が先で歩くのが後であること，つまり呼吸にリードさせて，足の動きをそのペースに同調させることである。したがって，ゆったりとした呼吸の時は歩くのもゆっくりになり，速めの呼吸の時は歩くのも速めになるが，呼吸自体は不規則に変わるので，足の動きをそれに同調させるには細心の注意が必要になる。

　歩く場所の端まできたら，そこで立ち止まってちょっとの間，気をつけて呼吸をする。それから向きを変えるが，その際も「回ります。左足，回ります，右足，回ります，左足，回ります，右足，回ります，止まります」というように，動作の実況中継を続ける。反対に向き直ったら，先ほどとまったく同じように，吸う息を待って，それに合わせて歩き始めるようにする。

　歩いているうちに，もしも何かの考えに囚われていることに気づいたら，そこでその考えを手放し，ゆっくりと動かしている脚の感覚に注意を戻すようにする。歩く瞑想では，「歩いていく脇に雑念の荷物を下ろして，さらに歩き続ける」といったイメージをもちやすいため，のちに説明する座る瞑想よりも雑念から離れやすい面もある。しかしそれでも，ある考えに夢中になって，何回も注意が歩くことから引き離されてしまうようであれば，一度立ち止まり，夢中になっていた考えごとと呼吸に同時に注意を向けるようにして，その考えが鎮まってくるのを待つ。

　この瞑想法は，30～60分とやや長めに行うのがよいとされているが，呼吸のペースに脚の動きが同調するようになると，雲の上を軽々と歩いているような身体感覚が生じることが多く，ほとんど疲れも感じることなく実施できるようになる。

立つマインドフルネス瞑想

　次は，立つ瞑想であるが，この方法については，『自分を変える気づきの瞑想法』と，同著者のDVDつきの解説書である『心を清らかにする気づきの瞑想法[4]』にくわしく説明されている。

図4 立つマインドフルネス瞑想（文献2，130-131頁）

　この方法のポイントは，座っている姿勢から立ち上がるまで，そして立っている姿勢から座るまでをスローモーションにする一方で，立ち上がって姿勢を決めたあとは，一定時間（10分程度）なるべく動かないようにして（ストップモーション），それぞれの状態での身体の感覚を実況中継し続けるということである。

　最初に座った姿勢から立ち上がるのは，いつも行っている方法で構わないが，とにかく一つひとつの動作をゆっくりと行うこと，そしてそれを実況中継することが大切になる。図4は『自分を変える気づきの瞑想法』で説明に使われている図であるが，これを見てもらうと，これほどまでにゆっくりと行うというイメージがもてるのではないかと思う。

　そして，立ち上がったら，片足ずつゆっくりと動かして肩幅くらいに開き，片手ずつゆっくりと動かして下腹の前で重ね，そして背筋をしっかりと伸ばして両足に均等に体重がかかるようにする。目は2～3メートル先の下のほうに向け，視線も固定する。

姿勢が固定できたら，注意を足の裏の感覚に向けて，両足の裏の感覚を感じながら，柱にでもなった気持ちで，「立っています，感じています，立っています，感じています，立っています，感じています……」と，そればかり感じるようにする。この場合も，何かの考えに囚われていることに気づいたら，その時点でそっと足の裏の感覚に注意を戻し，「立っています，感じています……」と実況中継を続けるようにする。またそれたら，そのことに気づいた時点で感覚に注意を戻す，ということを繰り返すようにする。

　10分くらい経ったら，立ち上がったのとは逆の順番で，実況中継をしながら，ゆっくりと腰を下ろしていって座位をとるようにする。そのあと，またすべてを繰り返し，全体として2，3セット行うようにする。

座るマインドフルネス瞑想

　座る瞑想は，さまざまな瞑想法で一般的に採用されている座って行うという方法であるが，その基本的な方法や目的はこれまでに説明してきたマインドフルネス瞑想と同じである。ただ，この場合は，ほとんどすべてがストップモーションの実践になる。立つ瞑想の場合は，じっと立っていることのできる時間にはやはり限りがあるが，座る瞑想の場合は，正しい座り方をすれば，比較的容易に30〜60分座り続けることも可能である。

　前章で引用した「呼吸による気づきの教え」の身体に対する組に含まれる「身体の動きを静めながら息を吸おう，身体の動きを静めながら息を吐こうと訓練する」という4番目の考察を取り上げて，井上ウィマラは「どっしりと坐った姿勢を保持することによって……身体の動きの背後にある微細な身体感覚や心の衝動への気づきが深まります」と述べており，動かずにいることによって得られる，動きたいという欲求を生じさせる身体感覚や思考や感情に気づくことの重要性を指摘している。[5]

　まずは，座禅をする時のように脚を組むか，正座をするか，椅子に座るかして，背筋を伸ばして安定して座っていられる姿勢を見つける。そして，手のひらの位置や（下腹の前で上向きに重ねるなど），上半身の位置を定める

までの動作は，これまでと同じようにスローモーションで実況中継をしながら行う。その際，ちょうどよい姿勢（背筋がすっと伸びて，その他の身体の力はすべて抜けている）をとるための一つの工夫として，いったん座ったあと，背筋を伸ばした状態で上半身を前に倒して元に戻す，うしろに倒して元に戻すという動作を行い，下腹に少し力が入る姿勢を見つけるといった方法がとられることもある。

　瞼を閉じた感じを実況中継したあとに，呼吸に伴う身体の動きに静かに注意を向けるようにする。ここでは，呼吸は「ゆったりと」するくらいにして，なるべくコントロールしないようにする。つまり，深く吸ったり吐いたりしたい時にはそうして，浅く速くしたい時にはそうするように，呼吸のことは呼吸に任せていく。そして，たとえば，お腹や胸のあたりの動きに注意を向けた場合は，「ふくらみ，ふくらみ」「ちぢみ，ちぢみ」と身体が動く感覚をそのまま感じるようにする。自分が呼吸のために身体を動かしているのではなく，身体のほうが自然に動いており，それに伴う感覚を感じるといった具合である。

　まるで置物のように動きもせず，気づきが呼吸に伴う感覚の変化に途切れなく追随するようになると，木の葉が風でそよいでいるように，身体が自然の中でただ膨らんだり縮んだりしているといった感覚が感じられることがある。これは，呼吸に伴う感受の段階にとどまって，それ以上の思考が発展していない状態といえるであろう。

　しかし，そのような状態は長くは続かず，すぐに何かを考えているのに気づくことが多い。そうしたら，「雑念，雑念」と心の中で２～３回唱え（ラベリング），さらに「戻ります」と唱えて呼吸に伴う身体感覚に優しく注意を戻すようにする。あるいはどこかに痛みを感じたら「痛み，痛み……戻ります」，かゆみを感じたら「かゆみ，かゆみ……戻ります」という具合である。また何かの音に気をとられていることに気づいたら，「音，音……戻ります」とするのだが，ここでの留意点は，思考や感覚の内容から引き上げて，思考や感覚が生じたというプロセスに注意を向けるということである。

　しばらく続けていくと，今度は考えていることにしばらく気づかずに，

「なんとかあいつにだけは負けたくない」とか「これだけはなんとか自分のものにしないと」など，あれこれと考えてしまうこともある。そういった場合は，思考のレベルを超えて感情が動き始めており，それと「自分」との同一化も起こっているので，「怒り，怒り，怒り」「欲，欲，欲」などとラベリングをするようにする。

　以上のように，雑念，五感，感情などに引き込まれていることに気づいたら，ラベリングをしてそっと呼吸の感覚に戻るということを，繰り返し繰り返し行っていく。この作業は，そこで生じた私的出来事に気づくと同時に，反芻思考を抑える効果をもっていると考えられ，反芻思考に伴う不快な感情もそれによって消えていくことになる。

　そして，以上のような練習がある程度できるようになったら，注意を「パノラマ的に」広げて，自分の中や外で起こっているすべての出来事に，同時に気を配るようにしていく。そうすると，はっきりとラベリングしなくても，雑念に気づき，そっと呼吸に戻り，雑念が自然と消えていく過程がわかるようになってくる。それでも，また次の雑念は出てくるし，身体の痛みが気になったり，感情も動いたりするが，気づいたところで，そっと呼吸に戻るようにしていると，それ以上強くなることはなく，しばらくすると消えていくという過程がわかるようになる。

日常生活にマインドフルネスを持ち込む

　これまで述べてきたような訓練と同時に，マインドフルネスは，以下のように日常生活のさまざまな場面でも実践されることになる。
　お茶を飲んだり，食事をしたりする時に，できるだけゆっくりと，口に運び，それを口に入れる時の動作，口に入った時の感覚，喉を通る時の感覚，お腹に収まった感覚などを，一つひとつ感じ取るようにしてみる。それと同時に，食べたり飲んだりすることにまつわるさまざまな思考や感情（「おいしいからもっともっと欲しい」「これを食べると太るんじゃないか」など）に気づいたら，静かに感覚に注意を戻すようにする。

散歩する場合，スローモーションにはしないが，足の裏の感覚に注意を向けて，「右，左，右，左……」と心の中で唱えながら歩く。さらには，呼吸のペースに合わせて，吸いながら「1, 2, 3」，吐きながら「1, 2, 3」と足の裏の感覚を感じ取るようにしながら歩く（呼吸がゆっくりとしている場合には，「右，左，右，左」のほうがよい場合もある）。そして，何か悩みごとなどを考えていることに気づいたら，それは道端に下ろし，注意を足の裏に戻して歩き続けるようにする。

皿洗いなどをする時は，普通は時間がもったいないと思ったり，いやだなと思ったりするので，他のことを考えたり鼻歌を歌ったり音楽を聞いたりしながら作業をすることが多いが，それとは逆に皿を洗う作業自体に集中して，そこからそれて他のことを考えていることに気づいたら，静かに皿洗いに注意を戻すようにする。

これらの作業に共通しているのは，まずは身体と環境との接点（五感）のレベルに気づきを向け，そこで身体がどう働いているかをよく観察するということであるが，そこには「日常的な自我」の意図が入ってこないことから，「行為者なき行為」などと呼ばれる。そして，反芻思考や感情が出てきたことに気づいたら，そこで静かに作業自体やそれに伴う身体感覚に注意を戻すことになる。

まとめ

マインドフルネスとは，生活の中でつねに実践することで本来的な意味をもつものであるため，本章ではその具体的な実践法について概説してきたが，それには，新世代の認知／行動療法がマインドフルネスに求める機能（個体と環境の相互作用における効果）や，それに基づく具体的な介入法に対する参照枠を提供する意図もあった。

以上で述べてきた，マインドフルネス実践の3つの必要条件と，歩く瞑想，立つ瞑想，座る瞑想に共通する方法論上の特徴を，次のようにまとめることができる。

①一貫して「今，ここ」での身体の動作やそれに伴う身体感覚に持続的な注意を向けていること
②そして，そこで不可避的に現れる思考や感情などの私的事象に対しては，気づいた時点で身体感覚に注意を戻すようにしていること
③その結果，たとえ強烈な思考や感情であっても，それ以上発展せず消えていくことを繰り返し確認すること

そしてこれらが,「はじめに」で述べたマインドフルネスの3つの構成要素のそれぞれに，ほぼ対応していることも理解してもらえるであろう。ただ，短い文章の中で単純化しすぎている面も少なからずあり，また本来オペラント学習やレスポンデント学習（体験学習）を通してしか理解できない面もあるため，さらに深い理解を得るためには，参考文献に直接あたりながら，みずから実践してみていただければと思う。

さて本章までで，新世代の認知／行動療法を理解するための基盤を提供することができたと思う。次章からは，これまでに述べてきたことを踏まえたうえで，MBSR（マインドフルネスストレス低減法），MBCT（マインドフルネス認知療法），BA（行動活性化療法），DBT（弁証法的行動療法），ACT（アクセプタンス＆コミットメント・セラピー）など，それぞれの体系の特徴について解説をしていきたい。

〔文　献〕
1) Bishop, S.R., Lau, M., Shapiro, S. et al.: Mindfulness: a proposed operational definition. *Clinical Psychology: Science and Practice* 11: 230-241, 2004.
2) アルボムッレ・スマナサーラ『自分を変える気づきの瞑想法［増補改訂版］―ブッダが教える実践ヴィパッサナー瞑想』サンガ，2011年
3) ラリー・ローゼンバーグ（井上ウィマラ訳）『呼吸による癒し―実践ヴィパッサナー瞑想』春秋社，2001年
4) アルボムッレ・スマナサーラ監修『心を清らかにする気づきの瞑想法』サンガ，2009年（新装版）
5) 井上ウィマラ『呼吸による気づきの教え―パーリ原典「アーナーパーナサティ・スッタ」詳解』佼成出版社，2005年

第5章

マインドフルネスストレス低減法・
マインドフルネス認知療法

―― 構造化されたグループ療法でのマインドフルネスの活用

はじめに

　本章から，個々の治療体系についての解説を行っていく。そこで，どの治療体系についてどんな順番で取り上げていくかを考えてみたが，第2章（28頁）でも書いたように，第三世代の認知／行動療法は「体験」による理解を重視するという特徴をもっている。ということは，本書においても，本来は私自身が十分な体験を通して理解しているものに絞って解説するということが必要になるだろう。そのように考えてみると，多少とも語る資格があるのは，ACT（アクセプタンス＆コミットメント・セラピー），MBSR（マインドフルネスストレス低減法），BA（行動活性化療法）くらいかもしれない。
　一方で，改めて読者にとって本書がもつ意義を考えると，新世代の認知／行動療法と呼ばれる一群の治療体系の全体像やその発展の背景などをつかむとともに，この方法をもう少し勉強したり実践したりしてみたいという出会いの機会が得られるということではないだろうか。つまり，私の役割は，皆さんの学びの旅の少し先を歩く同行者として，目的地に至るおおまかな地図を提供し，それぞれの街の入り口までお連れするガイド役になることである

と考えてみたいと思う。

新世代の認知／行動療法の位置づけ

そこで，これから解説していく方法を，MBSR，MBCT（マインドフルネス認知療法），MCT（メタ認知療法），BA, DBT（弁証法的行動療法），ACTまで広げたうえで（これでも，FAP〔Functional Analytic Psychotherapy：機能分析心理療法〕など，いくつかの代表的な治療体系は含まれていない），それぞれの発展の経緯や認知／行動療法全体の中での位置づけを図に表現してみた（図5）。それぞれの治療法の名前が四角形で囲んである位置は，介入の全体像を解説した本が出版されたか，少なくともその治療法の名前が載っている論文が発表された年代を（図の左側に示した数字で）表している。そして，行動療法，認知療法から伸びている斜め矢印の分岐点は，それぞれの治療体系の基礎を提供するような研究論文や著書が出版された年代を示している。

このようにまとめてみると，次のような特徴がみえてくる。

①本来，認知／行動療法とは関係のない文脈で発展してきたMBSRの登場が1980年頃と断トツに早い

②1990年前後に行動療法の領域でACTやDBTの基礎になるような研究報告がなされている

③1995年前後にDBTが登場するとともに，認知療法の領域でMCT，MBCT，BAの基礎になるような研究報告がなされている（BAの行動療法における基礎研究は1970年代に遡る）

④2000年前後に，ACT，MCT，MBCT，BAといった治療体系が一斉に姿を現した

つまり，認知／行動療法の第三の波は，30年前，20年前，15年前と次第にそのうねりを大きくし，ついに21世紀初頭に大波として押し寄せ，この10年の間に心理臨床の風景を大きく変えてきたといえるのではないだろうか。

さて，本書の後半においては前記のような見通しをもったうえで，本章で

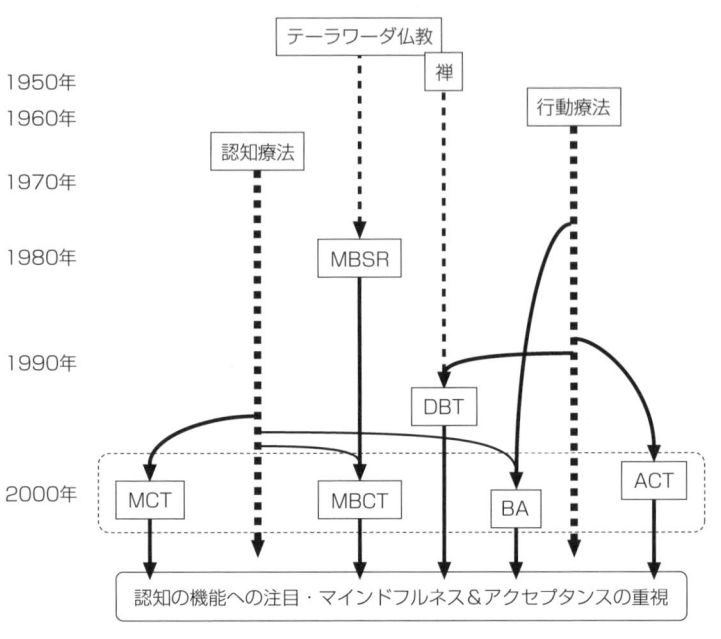

図5 新世代の認知／行動療法の位置づけ

はテーラワーダ仏教からマインドフルネスの伝統を引き継いでいるMBSRと，認知療法から出発しMBSRを全面的に導入したMBCTについて説明する．そして，次章以降は，MBCTとかなり共通する基礎研究から出発し，メタ認知に注目することによってあくまでも情報処理モデルに則って展開してきたMCT，行動療法の保守本流から出発し，認知療法の大きな柱として取り込まれたあと，認知の機能への注目と体験の回避に対するアクセプタンスの重視に至ったBA，禅からマインドフルネスとアクセプタンスの伝統を導入すると同時に，行動分析学の徹底的行動主義の立場から変化を追究するDBT，認知活動を言語行動と捉えたうえで，その行動分析的基礎研究に基づいてアクセプタンスと行動活性化を重視するACTへと，順次解説を進めていきたい．

マインドフルネス瞑想直系のMBSR

　MBSRは，分子生物学者としてスタートしたJ・カバットジンが，1979年にマサチューセッツ大学医学部でストレス・クリニックを創設し，マインドフルネスとハタヨガを中心にすえたグループ治療プログラムを開始したのがその始まりである。医学部の中に設置されたことからもうかがえるように，心身医学や行動医学の一分野として誕生したのであるが，現在はアメリカ，ヨーロッパを中心に専門のセンターやクリニックの数は200以上にのぼっている。2006年の春，脳機能画像などを専門にする精神科医のR・レイン（Lane）教授が会長を務めたアメリカ心身医学会に参加した際に，シンポジウムやワークショップなども含めて，全体の2～3割がMBSRに関連したものであることを知り，たいへん驚いたことを思い出す。

　カバットジンは生物学者だったわけだが，瞑想実践者として真摯にスピリチュアルな世界の探究を続けてきた経験がMBSR開発の基盤になっているのは疑いがない。その間の事情の一端を，第3章，第4章でくわしく紹介したローゼンバーグの『呼吸による癒し』[1]の序文に垣間見ることができ，興味深い。この本の序文は，実はカバットジンが書いているのであるが，以下のように始まっている。

　　本書は著者ラリー・ローゼンバーグが歩みつづけてきたスピリチュアルな探求の旅の産物です。幸いにも私は同じ道を歩む友，すなわち「ダルマ・ブラザーズ」——互いにそう呼びあってきました——として彼の旅路を見つめ，またときには旅の道連れともなりながら，三十年以上もの歳月を過ごしてきました。

　この本が出版されたのが1998年であるため，カバットジンは1979年にMBSRを始めるまでに10年以上はマインドフルネスの修行を続けていたことになるだろう。そしてMBSR誕生からさらに30年以上の時が経っているの

である。

8週間プログラムの内容

さて，カバットジン自身が，マインドフルネス瞑想のことをどう説明しているかを，1990年に発刊されたMBSRの代表的なテキストである*Full catastrophe living*（日本語訳『マインドフルネスストレス低減法[2]』）のプロローグから引用してみよう。

「マインドフルネス瞑想法」は，"注意集中力"を高めるためのトレーニングを体系的に組みたてたものです。これは，アジアの仏教にルーツをもつ瞑想の一つの形式を基本としています。

この言葉や，8週間のプログラムの内容から理解できるのは，MBSRはマインドフルネス瞑想直系の方法ではあるが，そのエッセンスをわかりやすくプログラム化したものであるということである。それは，同書の序文を書いているJ・ボリセンコが，「彼のプログラムが成功した秘訣は，東と西の独特な統合，つまり瞑想とヨーガを科学や医療の主流と結びつけたこと，そして瞑想と科学を，健康や生活の質と同じものとしてとらえたジョンの才能にあるといえるでしょう」と述べていることからも読み取ることができる。

多くの人たちに無理なく実践できて，学習効果があがるように工夫された8週間のプログラムの構成を，前記テキストに沿ってまとめてみたのが表2である。この表からも読み取れると思うが，MBSRでは，短時間（3分・15分）の呼吸法の練習から始めて，ボディー・スキャン，ヨーガ瞑想法，静座瞑想法の3つの瞑想法を，1日45分間トレーニングすることを通して順次習得していくことが中心的な課題になっている。そしてこのことから，MBSRでは，「今この瞬間に接触するための扉[3]」として，身体感覚を非常に重視していることもわかるし，それが，第3章（37頁）で解説した「呼吸による気づきの教え」で，感受に対する気づきが最も重視されていたことと軌を一にすることも理解してもらえるだろう。

表2 MBSRのプログラム内容（文献2）

第1週と第2週	ボディー・スキャンを中心に
第3週と第4週	ボディー・スキャンとヨーガ瞑想法を1日おきに
第5週と第6週	静座瞑想法とヨーガ瞑想法を1日おきに
第7週	自由な組みあわせで行う総合トレーニング
第8週	あなた独自のプログラムづくり

　ボディー・スキャンとは，自分の体を，静止した状態で直接的に感じ取ろうとする方法である。具体的には，あおむけになった状態で，つま先から頭のてっぺんまで，「自分が注意を集中している体の一部が感じている本当の感覚を感じとり，その場所に，あるいはその中に自分の意識をとどめよう[2]」とし，「それぞれの場所で数回呼吸し，次の場所に注意を移すときには，前のことは心から消し去[2]」るようにしていく。

　ヨーガ瞑想法とは，「一つひとつの瞬間のあるがままの自分の体を受け入れる[2]」ことで，"全体としての自分"や"自己の存在感"を体験することを目的にしている。この方法は，動いている体に起こることを感じ取るという意味では，第4章（50頁）で解説した歩く瞑想と共通する面もあるし，筋肉や靭帯の痛みやツッパリなどが生じている場所に注意を向けるという意味では，アクセプタンスの直接的な練習になるという面もある（実際に自分でヨーガのポーズをとってみると，体を伸ばしたり縮めたりしている時に，つい他のことを考えている——体験の回避が起こっている——ことに気づく人も多いことだろう）。

　そして，静座瞑想法とは，第4章（53頁）で解説した座る瞑想と同じものであり，前記テキスト[2]では，短時間の呼吸法の説明に続き，「呼吸と共に座る」「呼吸と体の一体感を味わいながら座る」「音と共に座る」「心の中の思いと共に座る」「あるがままの意識と共に座る」と，手順を踏んで，体験を深めつつ実習できるように工夫されている。

効果研究の結果

　MBSRは，マサチューセッツ大学医学部内に創設されたストレス・クリニ

ックにおいて，当初は医学的治療が困難な慢性疼痛に対して効果をあげて注目されたが，徐々に適用範囲を広げ，乾癬，高血圧，がんなど心身症としての側面をもつ身体疾患や，過食などの食行動異常，そしてパニック障害，うつ病などにも効果があることが報告され，専門のセンターやクリニックの数の拡大とともに，精神医学や臨床心理学の分野でも注目されるようになっていった。

　MBSRがここまで注目された理由の一つに，当初より治療効果を客観的に示すための研究が重視されたということがあるだろう。その数は，2003年にドイツのP・グロスマンが効果研究のメタ解析（多くの研究をまとめて統計学的に介入効果の大きさを求めるための方法）を報告した時点でも64件にのぼっていた。[4]しかし，データの収集や統計解析などの方法が不十分なものも少なくなかったため，詳細な除外基準を設定した結果，20件（半数程度がランダム化比較試験で，残りが治療開始前の観察期と治療後の比較ができる観察研究）が解析対象となった。そして，効果サイズ（Cohen's d）で，比較試験の精神的健康指標0.54，身体的健康指標0.53，観察研究の精神的健康指標0.50，身体的健康指標0.42という結果が得られ，すべて中程度の効果があるということが示された（危険率は，比較試験の身体的健康指標のみ$p < 0.0004$，他は$p < 0.0001$であった）。

　さらに，2008年に，D・レデスマと私が，がん患者（大部分が乳がん）のみを対象にした10件の治療研究をまとめてメタ解析を行った際には，精神的健康指標で0.48（比較研究3件と観察研究4件，$p < 0.0001$）と中程度の効果，身体的健康指標で0.18（比較試験3件と観察研究5件，$p < 0.0001$）と軽度の効果が認められた。[5]がんは進行性の疾患であるため，身体的指標で大きな改善が得られるのは難しいとも考えられるが，心理的指標でこれだけ大きな効果が得られていることは特筆に値するだろう。

MBSRで認知療法を換骨奪胎したMBCT

　MBCTは，認知療法の専門家であったZ・V・シーガル，J・M・G・

ウィリアムズ，J・D・ティーズデールが，うつ病の再発を減らすために認知療法の効果維持版を開発しようと研究を進めるなかから開発されたものである。2001年に原著が，2007年に邦訳が出版された『マインドフルネス認知療法[6]』の序章では，その経緯について以下のように述べられている。

　シーガルはウィリアムズとティーズデールに連絡を取り，このプロジェクトの可能性を話し合ってみたが，「効果維持」版の認知療法なるものとはまったく異なるアプローチのほうがうつの再発予防にはふさわしいのではないかという結論にいたった。あと数年もすれば，著者らは，これまで行なってきた認知療法そのものからは完全に離れていくことになるだろう。
　まず，著者らが行なったのは，注意の訓練という要素を認知療法に取り入れることであった。次に，「治療」という枠組みを放棄した。それは思考や感情を変えようとはせず，それに気づいたままにしておくというマインドフルネス・アプローチを十分に機能させるためである。

再発性うつ病と認知療法

　アメリカ精神医学会の診断基準であるDSM-Ⅳ-TRの解説によれば，「"大うつ病性障害，単一エピソード"の発症者の少なくとも60％が2度目のエピソードをもつことが予想される。エピソードを2回もったものが3度目のエピソードをもつ可能性は70％で，エピソードを3回もったものが4度目のエピソードをもつ可能性は90％である[7]」。つまり，うつ病患者は回復したとしても再発に対する脆弱性をもち，再発すればするほどその脆弱性が高まるのである。
　この点について，認知療法では，脆弱性のある者は，幼児期に非機能的な思い込みや態度を身につけており，それが一生持続する特性となるとしている。そして，その前提からは，うつ病患者は回復後であっても非機能的態度が強いと予測されることになる。しかし，R・イングラムが40件以上の研究についてレビューした結果では，回復後の通常の気分の時には，うつ病に罹

患したことがない者との間に差異がないことが見出され，この考え方は否定されることになった。

　一方で，ティーズデールらは気分が思考に及ぼす影響について研究を進めた結果，現在の気分の落ち込みが，以前のそれと結びついた思考パターンを再活性化させやすくなるという知見を得た。うつ病になると，落ち込みと同時に悲観的な思考を繰り返し経験するので，両者の間に学習性連合が成立すると考えられる。そうなると，うつ病経験者では，わずかな落ち込みによって悲観的な思考パターンがすぐに引き起こされることになる。そして，実際に，シーガルらが，治療を終えたばかりの患者に，一時的なうつ気分への誘導を行い，その際に非機能的態度が増加した者とそうでない者のフォローアップを行った結果では，増加した者では30ヵ月後にうつが悪化しやすい傾向にあることが見出されたのである。

　さらに，うつ病に対する脆弱性は，以上で述べた気分の落ち込みに対する"認知的反応性"に加えて，そこで生じた思考，記憶，態度などをどう扱うかということも関連しており，自分がどうしてそう感じるのか繰り返し考え，自分の問題や個人的な欠点を理解しようとする反芻的反応スタイルとも関連していることが明らかになった。そこで，MBCTの開発者たちは，些細な気分の変化によって非機能的な思考パターンが引き起こされやすく，そこから反芻的で自己持続的な心の状態に入ってしまう傾向が，再発防止のためのターゲットになると確信したのである。

MBSRのどこがフィットしたのか

　しかし，その一方で，認知療法で治療した場合に再発が減るということは以前から繰り返し報告されてきたことなので，その理由を説明することも必要である。シーガルらは，これまでに紹介したような研究結果を踏まえて，「ネガティブな思考が生じたとき，それをチェックし，その内容の正確さを評価するために思考から離れることを繰り返した結果，患者のなかにはしばしばネガティブな思考と感情に対するとらえ方に全般的なシフト」が起こること，すなわち「そのような『距離をとる』あるいは『脱中心化』」ができ

るようになることが，認知療法の再発防止効果に大きく関連している可能性があると考えた[6]。

　以上より，新しい再発防止法には，ネガティブ思考と距離を置く方法，そして思考を反芻する余裕を与えないような方法を見つけることが必要と考えられた。そのための方法を探している時に，M・M・リネハンがDBTにおいて強烈な思考や感情から距離をとるために，マインドフルネスを活用していることを知り，そこからさらにMBSRへと目を向けていくことになった。

　実際のところ，カバットジンの「あなたのさまざまな思考はたんなる思考にすぎず，それらは"あなた"や"現実"ではないと理解できると，いかに自由な感じがするか，それは注目に値することである」という言葉は"脱中心化"を非常に的確に表している。そして，以下の可能性から，MBSRに急速に接近していったことがわかる。

　①意識的な気づきのためのエクササイズが，容量制限のある情報処理チャンネルの"容量"を使うことによって，反芻の悪循環を維持するのに必要な資源を奪うことができる
　②思考，感情，身体感覚に気づくようにする訓練は，自分がうつに陥りやすい時期をまだ初期段階のうちに自覚できるようになる
　③MBSRがグループ療法であり，うつ病患者の増加とともに拡大するニーズを満たすことができる

　シーガルらは，これまでに述べたような背景に基づいて新しく開発した予防的プログラムを「注意コントロール・トレーニング」と名づけ，患者が自分の気づきを増やすことができるように，マインドフルネスと認知的アプローチを組み合わせることを目的とした。そして，そのトレーニングのベースに，MBSRの8週間のグループ・セッションを用い，各セッションの長さを2.5時間から2時間に短縮するなど，うつの再発予防というテーマに合わせて改変した。

　そして，試験的プログラムを実施したのだが，その結果，なかにはうまくいった人もいたが，それと同時に参加者の多くが求めているのは，脱中心化のスキルを学ぶよりも前に，気分の波について話し合うことであることも明

らかになったのである。そこで，シーガルらは再度MBSRのプログラムに参加し，経験を積んだインストラクターが実際に何をしているのかを探究することになった。

インストラクターは何をしているのか

そこで明らかになってきたのは，「注意コントロール・トレーニングを微調整すればすむといったレベルを超えていた」ということであった。そして，「インストラクターは，参加者が不快な思考や感情をただそこに存在させておき，『解決を必要とする』スタンスをとるよりも，それらに無理なく気づき，それを『歓迎する』ような，根本的に異なるアプローチを教えていた」ことが理解され，「欠けていたのは，われわれ自身のマインドフルネスの実践だということに気づいた」のである。

この結果明らかになったのは，認知療法における思考の脱中心化にとどまらず，MBSRでは感情や身体感覚に対してもどのように異なる関係をもつかが追究されていること，そして，脱中心化をする際の「心のモード」が重要で，マインドフルネスでは「歓迎し，あるがままにしておく」というスタンスをとっている，ということであった。そして，認知行動療法的な視点から患者が問題を解決するのを援助するのではなく，問題を解決するのは患者自身の責任であることを前提として，患者が瞬間瞬間における自分の経験にマインドフルにかかわれるように援助することが，インストラクターの役割であることも明確になった。

このような経緯で，MBCTは，表3に示すように，全面的にMBSRに依拠したプログラム構成となったが，そのなかにも，これまでのうつ病に対する認知行動療法的な基礎研究や臨床経験に基づいた工夫は盛り込まれている。前節までに紹介してきたうつ病の再発にかかわる脆弱性の理解が，すべてのプログラム構成のベースになっていることはもちろんであるが，それと本節で解説した「心のモード」の重要性を統合するかたちで，「すること」モードと「あること」モードを区別して，うつ病の悪化につながる「自動操縦で駆り立てられる」モードと，マインドフルに「"今ここ"を直接的，即

表3 MBCTのプログラム内容（文献6）

第1週	自由操縦状態に気づく
第2週	うまくいかないとき
第3週	呼吸へのマインドフルネス
第4週	現在にとどまる
第5週	そのままでいる
第6週	思考は事実ではない
第7週	自分を大切にする
第8週	これからに活かす

時的，親和的に体験する」モードを定式化していることは，MBCTの介入におけるポイントの理解を大きく助けるものであろう。

また，MBCTの中心となるスキルが，役に立たない「心のモードから離れ，それとは両立しない別のモードに入る方法を学ぶ」ことであること，そしてそれが「内容ではなくプロセスに注目するということであり，認知療法が重視する〈ネガティブな思考の内容を変える〉というところから離れ，あらゆる体験がどのように処理されるかに注意を向けるようになることを意味」しており，「何にどう注意を向けるかを選択することで，心のギア・チェンジをすることができる」と説明されていることからは，MBCTにおいて，認知の内容から機能へ注目点が大きく変化していることが理解され，特筆に値する。[6]

まとめ

本章からいよいよ各論に入ったわけだが，「はじめに」にも書いたように，1つの治療体系だけでもその本質を理解するには何年もの学習と実践が必要である。それを私一人で解説しようとするのであるから，しょせん不十分なものになることは避けられないが，それでも読者の皆さんが少しでも関心をもって，さらにみずから学んでみようと思うきっかけになれば幸いである。

次章は，MBCTとかなり共通する基礎研究から出発し，認知の内容では

なく機能を記述した"メタ認知"（例：「落ち込んだ時には，どうすれば解決できるかをとことん考えることが役に立つ」といった考え方）に注目することによって，あくまでも情報処理モデルに則って発展しているMCTについて，読者の皆さんと一緒に勉強を進めてみたいと思っている。

〔文 献〕
1）ラリー・ローゼンバーグ（井上ウィマラ訳）『呼吸による癒し—実践ヴィパッサナー瞑想』春秋社，2001年
2）J・カバットジン（春木豊訳）『マインドフルネスストレス低減法』北大路書房，2007年
3）レベッカ・クレーン（家接哲次訳）『マインドフルネス認知療法入門—30のキーポイントで学ぶ 理論と実践』創元社，2010年
4）Grossman, P., Niemann, L., Schmidt, S. et al.: Mindfulness-based stress reduction and health benefits: a meta-analysis. *Journal of Psychosomatic Research* 57: 35-43, 2004.
5）Ledesma, D., Kumano, H.: Mindfulness-based stress reduction and cancer: a meta-analysis. *Psychooncology* 18: 571-579, 2009.
6）Z・V・シーガル，J・M・G・ウィリアムズ，J・D・ティーズデール（越川房子監訳）『マインドフルネス認知療法—うつを予防する新しいアプローチ』北大路書房，2007年
7）アメリカ精神医学会（高橋三郎，大野裕，染谷俊幸訳）『DSM-Ⅳ-TR精神疾患の診断・統計マニュアル』医学書院，2002年

第6章
メタ認知療法（1）
──メタ認知の内容を変えることで認知の機能を変える

はじめに

　前章では，個々の治療体系に関する解説の第1回目として，MBSR（マインドフルネスストレス低減法）とMBCT（マインドフルネス認知療法）を取り上げた。今度は2回にわたり，MBCTと同じく認知療法の流れの中に位置づけられるMCT（メタ認知療法）について，本章では理論面とアセスメント法を，次章では具体的な介入法を中心にして，その概略を述べてみたいと思う。

　MCTに関しては，心理系の大学院などで注目している研究者や学生も少なくないのだが，日本語化された関連著書は，2002年（原著は1994年）に出版されたA・ウェルズとG・マシューズの『心理臨床の認知心理学』[1]のみである。しかもこの本は，MCTという治療体系が確立する前に書かれた，感情障害にかかわる注意と感情のメカニズムを中心にしたものであるため，MCTの全体像を知ることはできない。

　私がMCTに関心をもったのは，早稲田大学の今井の示唆によるところが大きいが，本章を執筆するうえで最も多く参照したA・ウェルズ著の

Metacognitive therapy for anxiety and depression[2]も，彼に紹介されたものである。それ以外には，前記の『心理臨床の認知心理学』，P・フィッシャーとA・ウェルズ著*Metacognitive therapy: distinctive features*[3]，そして，2010年6月にボストンで開催された第6回世界行動療法・認知療法会議でウェルズが主催したワークショップ「Metacognitive therapy: applications to treating generalized anxiety disorder and post-traumatic stress」に出席した経験も参考にした。

　さて，本書でMCTを取り上げるにあたって，まず最初に断っておく必要があるのは，MCTの開発者のウェルズが，MCTを新世代の認知／行動療法に含めていないという点である。ウェルズ一門は，その著書の中で，MCTをあくまでも認知療法の発展形と位置づけながら，両者の差異について説明するというスタイルをとることが多いが，「新世代の認知／行動療法」との違いについて言及している箇所も少なからず見受けられる。それではなぜ本書にMCTを含めるのかと言えば，両者に本質的な共通点があるという前提によるのであるが，どこが共通していてどこが違うのかという点に関しては，ぜひ以下を読んだうえで理解してもらえればと思う。

メタ認知理論

　ここではまず，MCTという治療法の名前にも含まれている「メタ認知」がどのように捉えられているかを簡潔にまとめ，そのうえで，精神病理と関係している認知過程がどう説明されているかを概説してみたい。

メタ認知への注目

　メタ認知とは，「認知に適用される認知」のことであるが，さらに具体的には，思考をコントロールし，モニタリングし，評価するような内的認知的要因を意味している。そしてそれは，メタ認知的知識（例：「この状況を乗り切るためには，心配することが必要だ」），経験（例：知っているという感じ），戦略（例：思考をコントロールし，信念を守るための方法）に分けて

理解される。つまり，日常生活の中でつねに生じては消えていく「通常の認知」とは異なり，それらをモニタリングしたりコントロールしたりする認知的要因の存在が仮定され，それがメタ認知と呼ばれているわけである。

MCTでは，その基本的前提として，不安障害やうつ病などの感情障害は，瞬間的に現れては消えていく個々の認知ではなく，繰り返し現れる思考スタイル（心配や反芻など）によって引き起こされると考えており，そのため，その思考スタイルを選択したりコントロールしたりするメタ認知に注目しているのである。

それでは，この立場は，A・エリスの論理情動行動療法やA・T・ベックの認知療法など，情報処理モデルに基づく従来の認知／行動療法とはどこが違うのであろうか。以下の「アセスメントの進め方」の項でも説明するが，論理情動行動療法や認知療法では，きっかけになる出来事に反応して，不合理な信念やネガティブな自動思考が引き起こされ，それが気分や行動の問題の原因になると考えている。そして，自動思考の背景には共通したテーマとしてのスキーマや中核信念の存在が仮定されており，問題を解決するためには，自動思考，スキーマ，不合理な信念の内容を合理的なものに変えることが必要であるとされている。

これに対してMCTでは，第一に，きっかけになる刺激に反応して自動的に引き起こされる認知（自動思考）は，その後の気分や行動に一貫した影響力をもたないことから問題とは捉えず（これは，仏教における「感受」の一部としての思考の捉え方と同じである），心配，反芻，思考抑制などの思考プロセスがメタ認知的要因によってトップダウン（意識的）に選択，実行されることに問題があるとしている。そして第二には，スキーマや不合理な信念も，そのままのかたちで長期記憶にとどまっているというよりも，心配や反芻などの思考プロセスやそれを持続させているメタ認知的要因がその都度生成する産物であると理解するため，個々の信念の内容を変えるのではなく，その持続や影響力（機能）を決定するメタ認知的要因に働きかけることが重視されることになる。

以上の点について，2010年6月に出席したウェルズのワークショップでの

一幕が，私の理解を非常に深めてくれた。ある出席者の「MCTは認知の内容ではなくプロセスに働きかけているということか」という質問に対して，ウェルズは「そのとおり」と言うかと思ったら，「Partly（部分的には）」と答えたのである。そこで私が「それでは，メタ認知の内容に働きかけているということか」と聞いたところ，「そのとおり」という答えであった。

つまり，MCTは通常の認知の内容ではなくプロセスや機能を変えようとしているのであるが，それはメタ認知の内容に働きかけることを介してなのである。これは私にとってはまさに目から鱗の体験であったが，それと同時に，ウェルズがMCTを認知療法の発展の流れの中に位置づけている理由もよくわかったように思えた。

S-REFモデルと認知注意症候群

さて，先に「心配，反芻，思考抑制などの思考プロセスがメタ認知的要因によってトップダウン（意識的）に選択，実行されることに問題がある」と述べたが，より具体的にはどのようなメタ認知的要因の関与が考えられているのであろうか。

この点に関して，MCTでは，早い時期から「S-REF（Self-Regulatory Executive Function：自己調節実行機能）モデル」で定式化しようとしてきた。S-REFモデルのもとになったのは，ウェルズの自己注目の理論であるが，自己注目とは，自己に対する過剰な内的注意（自己にかかわる脅威刺激への注意バイアス）が感情障害の発症や維持の大きな要因になっているとする理論である。S-REFモデルは，1994年の『心理臨床の認知心理学』で詳細に提示されたが，その後も少しずつ洗練されて現在に至っている。

図6に示したものは，1994年に提案されたものをもとにして，2009年に発表されているものであるが[2]，3つの認知レベル（メタ・システム，認知スタイル，下位レベルの情報処理）の働きを仮定している点と，制御的処理を担う中間レベル（認知スタイル）の働きを最も重視している点が特徴である。中間レベルはS-REFの核になる部分であるが，S-REFとは自己注目を拡張した概念で，自己に関連する情報処理を行う働きを意味している。意識的な

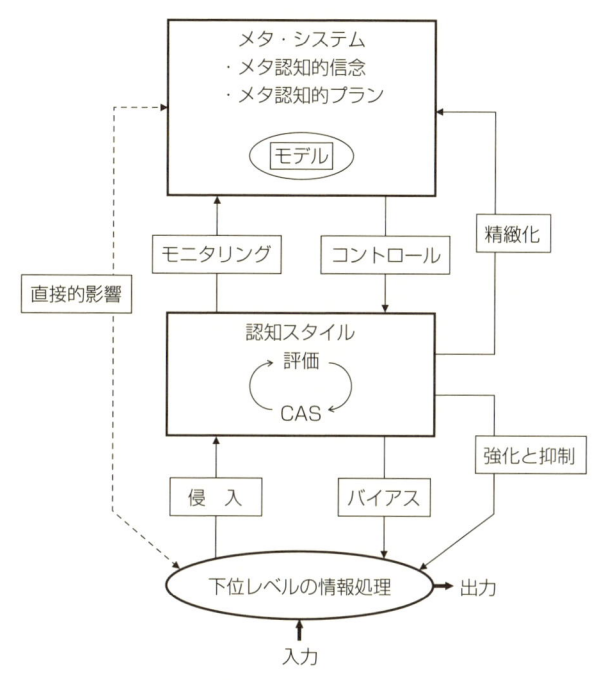

図6 心理的障害のS-REFモデル（文献2）

情報処理で行為のコントロールや評価を行っているとされ，脳内では前頭前野の働きの一部になぞらえられるが，このレベルから生み出される病理的過程が，CAS（Cognitive Attentional Syndrome：認知注意症候群）と呼ばれている。

　CASは，不安障害やうつ病を持続させる中核となる病理的過程であるとされるが，脅威刺激への注意バイアス，心配や反芻という反復的思考，回避行動や思考抑制などの役に立たない対処行動の3つから構成されている。心配と反芻の主な違いは，心配では将来に対する懸念が中心になり，「もし〇〇になったらどうしよう」という疑問への答えを求め続けるのに対して，反芻では過去に対する後悔が中心になり，「なぜ〇〇になってしまったのだろう」という疑問への答えを求め続けるという点である。そして，心配はみずからの安全に対する脅威を探し続けることによって不安を高めてしまい，反

架は自己評価に対する脅威を見出し続けることによって抑うつを高めてしまうことが多い。MCTの主要な介入目標の一つは，CASの持続を止めて，適応的な情報処理ができるようにすることである。

　下位レベル（下位レベルの情報処理）は，外界の情報，認知情報（自動思考），身体情報（身体感覚）を自動的に処理する働きをもつとされるが，脳内では扁桃体の働きに相当するとされている。そして，上位レベル（メタ・システム）は，S-REFの活動を調整するメタ・システムであり，長期記憶に蓄えられていると仮定されている。そしてそのなかには，メタ認知的信念とメタ認知的プランが含まれ，S-REFの働き方に対する「モデル」をトップダウン的に提供する役割を担っている。中間レベルは下位レベル，上位レベルから取得する情報を選択しつつ（バイアスとモニタリング），それぞれからの影響も受ける（侵入とコントロール）かたちで，その働き方をオンラインで決めていくが，図に示したように，その活動いかんによって下位レベル，上位レベルの働き方も変わっていくことになる。

　前記のとおり，S-REFとは自己注目を拡張した概念であり，主に自己に対する内的注意のうち病理的な働き（＝CAS）を意味しているが，外界に対する外的注意の働きも当然想定されており，それは下位レベルからの入力信号に注意を向けることを意味している。この点については，次の第7章の「注意訓練」の項（83頁）でくわしく述べたい。また，まさに前頭前野の働きがそうであるように，自己に対する内的注意においても，正常な制御的処理をオンラインで行う働きも仮定できるはずである。これはディタッチト・マインドフルネス（Detached Mindfulness：DM）と呼ばれる心的状態に相当し，注意訓練とともに先に触れたCASに対する介入につながっていくものであるが，こちらについても，次章の介入の項（88頁）で説明することにしよう。

　次に，上位レベルに含まれるメタ認知的信念とメタ認知的プランについて，簡潔に説明しておきたい。メタ認知的信念とは，自己の認知過程に関する信念のことであり，自分自身の認知処理を評価しコントロールする役割をもつ。これに対して，メタ認知的プランとは，認知処理に加えて対処行動を

コントロールする役割をもつ、さらに幅広いメタ認知のことを意味している。これも次章の介入の項でくわしく説明するが、MCTでは、ネガティブ・ポジティブそれぞれのメタ認知的信念とメタ認知的プランの内容を適応的なものに変えることを大きな目標にしている。

メタ認知に注目する利点

ちなみに、以上のようにメタ認知に注目する利点は何であろうか。一番大きなものとしては、本書で以前にも述べたように、従来の認知モデルでは認知心理学や認知科学などの基礎科学による裏づけが弱く、認知内容の変化が病気の回復や再発を説明できないとする複数の実証的研究が報告されている、といった問題点に対する一つの解答となる可能性があるということである。

また、臨床適用を進めるうえでも、不安障害やうつ病を治療するために必要な治療期間を、3〜4割程度短縮できることが報告されていることも（認知療法とMCTとのランダム化比較試験があるわけではなく、それぞれの治療法のレビューを比較した結果に基づく主張であるが）、注目に値することであろう。

アセスメントの進め方

認知／行動療法による介入を行う場合には、必ずアセスメントが必要であり、行動療法、認知療法とも、図7に示したようにABC分析と呼ばれる方法が用いられている。しかし、呼び名は同じでも、内容が大きく異なっていることは、これまでの解説から了解してもらえることだろう。

まず、行動療法のABC分析（機能分析）では、Antecedent（先行刺激＝弁別刺激）、Behavior（行動）、Consequence（結果）の連鎖に注目するが、アセスメントの一番のポイントは、結果によって行動がどのように影響を受けるかという、両者の随伴関係である。それに対して、認知療法のABC分析では、Activating event（認知を活性化する出来事＝きっかけ）、Belief

行動療法のABC分析

Antecedent ---> Behavior → Consequence　随伴性

認知療法のABC分析

Activating event ---> Belief ---> Consequence　情報処理

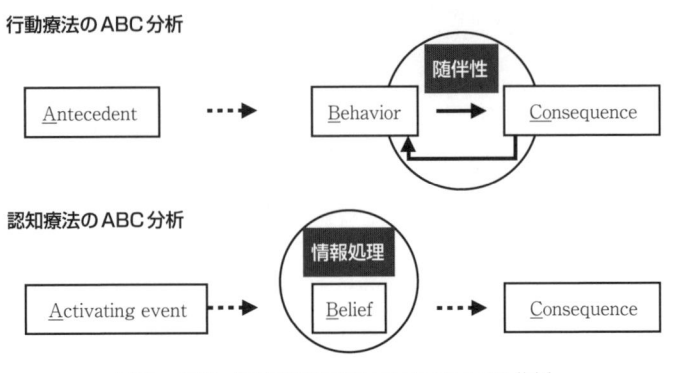

図7　認知／行動療法における2つのABC分析

(信念), Consequence（結果）の連鎖に注目するが，ここで問題になるのは，きっかけによって引き出される信念（認知）の内容の偏りであり，その際にみられる情報処理の不十分さである。

ABC分析からAMC分析へ

　MCTは認知療法の発展の中にあるので，基本的に認知療法のABC分析に沿ってアセスメントを行うが，むしろ図7の下側に示したABCの「上流（A→B）」あるいは「下流（B→C）」に焦点を当てることになる。つまり，不合理な信念やスキーマの活性化に至る（上流の）思考プロセスか，きっかけになる刺激によって不合理な信念やスキーマが活性化されたあとに起こってくる（下流の）思考プロセスがアセスメントの対象になるということである。

　そこで焦点が当てられるのは，メタ認知的信念とCASであり，それをわかりやすく図示したものが図8のAMC分析になる。ここでは，きっかけとなるActivating event（A）は認知や感情などの内的出来事を意味しており，それによってメタ認知的信念（M）とCASが活性化され，続いて感情的な結果（C）が引き起こされる。そして，通常の否定的な信念や思考（B）も，Mによって引き起こされたり影響を受けたりすることになる。ここで，MとCやBの間が双方向の矢印になっていたり，CからAへ波線の矢

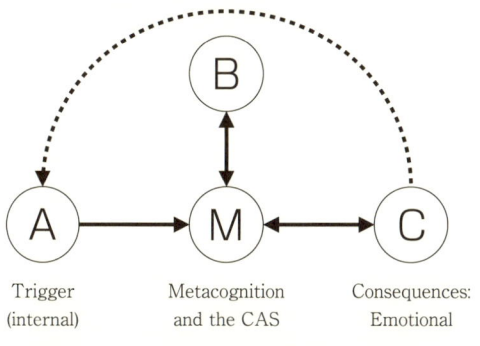

図8 ABC分析からAMC分析へ（文献2）

印が引いてあったりするのは，CやBがさらなる悪化要因になって，問題となる思考プロセスが持続していくということを示している。

たとえば，うつ病のケースでは以下のような具体例が挙げられる。

A：「私は一人ぼっちだ」
M：「なんとかするためには，答えが出るまで考え続けないといけない」
　　「落ち込みをとことん味わえば，なんとかしようと思うだろう」
CAS：反芻，落ち込みへの焦点づけ，悲しい音楽を聴く
B：「何も変わりはしない」
C：悲しさ，絶望感

疾患特異的モデルとケースフォーミュレーション

MCTによるケースフォーミュレーションは，基本的に前記のAMC分析に基づいて行われるが，不安障害やうつ病に対する実際の介入においては，それぞれの疾患の特徴を踏まえた疾患特異的モデルに従うことになる。それは，疾患特異的なメタ認知の内容と思考プロセスの特徴を捉えることを目的にしている。

たとえば，全般性不安障害（Generalized Anxiety Disorder：GAD）では，心配することの有用性に対するポジティブなメタ認知的信念と，心配がコントロールできず心配自体が危険な状態であるとするネガティブなメタ認

知的信念が関係しているとされるが，より根本的な原因とされるのは後者のほうである。

メタ認知理論では，心配を，危険を察知した際に適応的に働く「タイプ1心配」と，GADにおける心配のように明らかに過剰になっている「タイプ2心配」に分けて理解している。「タイプ2心配」には当然ネガティブなメタ認知的信念がかかわるため，心配すること自体を心配することになってしまい，自己増殖的に不安が増強される。さらにはその状態から抜け出そうとして，回避行動や思考抑制など，結果的に不安を高めてしまう対処行動も増えることになる。つまり，ポジティブなメタ認知的信念が「タイプ1心配」を生じさせる一方で，ネガティブなメタ認知的信念が「タイプ2心配」を引き起こすため，ネガティブなメタ認知的信念のほうが疾患の原因として関与する度合いが大きいとされるのである。

一方，うつ病では，抑うつ気分を克服し，さまざまな問題に対する答えを見つけるために反芻が役に立つというポジティブなメタ認知的信念と，反芻がコントロールできず，自分ではどうすることもできない脳の問題が病気の原因になっており，抑うつ的になること自体が危険な状態であるとするネガティブなメタ認知的信念，そして反芻していること自体に対するメタ認知的気づきが弱いということが関与しているとされている。そして，反芻とネガティブなメタ認知的信念の間の自己増殖的な関係がうつ状態を悪化させ，抑うつ的な思考や気分，そして消極的・回避的な行動を増強・持続させることになると定式化されている。

まとめ

本章では，MCTの前編として，基礎となるメタ認知理論の概略と，それに基づくアセスメントの進め方について説明してきた。

MCTは，情報処理モデルに基づく認知／行動療法として，「思考をコントロールし，モニタリングし，評価するような内的認知的要因」としてのメタ認知に注目することによって，通常の認知の内容ではなくプロセスや機能

を変えることを可能にした。これは、本書で何度か指摘してきたように、認知の内容の変化が、うつ病の再発、治療による改善効果などを反映しないという研究報告に対する一つの解答を、メタ認知理論が提供できる可能性を示唆している。しかも、MBCTが提唱するようにマインドフルネスを活用するだけでなく、メタ認知の内容を変えるという認知療法的手段によっても、思考（通常の認知）や感情との関係を変え、その機能を変えることが可能になるという点は注目に値する。

情報処理理論に基づくということは、内的な心理的過程をモデル化して実証的（認知心理学・認知科学・脳科学的）な研究の方向性を提示しうるということであるが、この面でも、他の認知／行動療法にはないS-REF（自己調節実行機能）モデルとCAS（認知注意症候群）といった検証可能性のある概念が提唱されていることは、MCTの大きなアドバンテージであろう。次章でその概略を説明するが、実際に、扁桃体や前頭前野の働きとS-REFモデルとの関連の一部を実証した研究も報告されるようになってきており[4]、今後そのようなデータの蓄積に基づいてモデル自体を洗練させていくことも可能になるだろう。

次章では、本章で説明してきたメタ認知理論の立場で、どのような介入が可能になるのか、そしてそれがMCT以外の新世代の認知／行動療法やそこで活用されるマインドフルネスと、どこが共通していてどこが違うのかといった点について、読者の皆さんと一緒に考察を深めたいと思っている。

〔文 献〕

1）A・ウェルズ，G・マシューズ（箱田裕司，津田彰，丹野義彦監訳）『心理臨床の認知心理学——感情障害の認知モデル』培風館，2002年

2）Wells, A.: *Metacognitive therapy for anxiety and depression*. Guilford Press, 2009.（熊野宏昭，今井正司，境泉洋監訳『メタ認知療法——うつと不安の新しいケースフォーミュレーション』日本評論社，2012年）

3）Fisher, P., Wells, A.: *Metacognitive therapy: distinctive features*. Routledge, 2009.

4）Siegle, G.J., Ghinassi, F., Thase, M.E.: Neurobehavioral therapies in the 21st century: summary of an emerging field and an extended example of cognitive control training for depression. *Cognitive Therapy and Research* 31: 235-265, 2007.

第7章

メタ認知療法（2）

―― 自己注目に対抗する注意訓練とディタッチト・マインドフルネス

はじめに

　前章では，MCT（メタ認知療法）の基礎になるメタ認知理論と，それに基づくアセスメント法の概略について説明した。

　MCTが，マインドフルネスを活用するだけでなく，メタ認知の内容を変えるという認知療法的手段によっても，思考（通常の認知）や感情との関係を変え，その機能を変えることを可能にしたという点は，新世代と呼ばれるものも含め，その他の認知／行動療法にないユニークな特徴である。

　本章では，MCTによってどのような介入が可能になるのか，そしてそれがMCT以外の新世代の認知／行動療法やそこで活用されるマインドフルネスと，どこが共通していてどこが違うのかといった点について説明しながら考察を深めてみたい。

注意コントロールとCASへの介入

　本章では，MCTのアセスメントやケースフォーミュレーションに基づい

て，どのように介入が組み立てられていくのかということを，具体的な介入技法も含めて説明していく。

前章では，MCTの主要な介入目標が以下の2点であることを述べた。
①CAS（Cognitive Attentional Syndrome：認知注意症候群）の持続を止めて適応的な情報処理ができるようにすること
②ネガティブ・ポジティブそれぞれのメタ認知的信念とメタ認知的プランの内容を適応的なものに変えること

この項では，まず，①のCASに対する介入法について述べてみたい。

注意訓練

注意訓練とは，注意コントロールを直接的に調整するための方法である[2)3)]。具体的には，15分程度の時間の中で，自分の外から聞こえてくる複数の音に対して，注意を集中し（6分間），転換し（6分間），分割する（同時に複数の音に注意を向ける，3分間）という操作を段階的に行っていく訓練法である。

前章でも述べたように，S-REF（Self-Regulatory Executive Function：自己調節実行機能）モデルは自己注目理論から発展しており，そのS-REFがCASという病理的過程を生み出すとされている[1)]。つまり，メタ認知的モデルでは，心理的障害（精神疾患とほぼ同義）における注意コントロールに関して，注意が，持続的で，自己に焦点づけされ，心配に基づいて進む情報処理と，脅威刺激のモニタリングに縛りつけられる結果，その柔軟性が失われていると想定している。そこで，以上のような認知的活動から注意を別の方向に向け変える訓練をすることが，CASの持続を遮断し，認知をコントロールするためのメタ認知的プランを強化し，柔軟な実行機能を高めるための手段になると考えられ，以下のようなステップからなる注意訓練技法（Attention Training Technique：ATT）が開発された。

ステップ1：ATTの紹介

前記のように，不安障害やうつ病で注意コントロールの柔軟性が失われていることの病理的意義と，それに対抗するためのATTの有効性について，

わかりやすく説明し，クライエントの理解と受け入れを進める。その際，何％くらいATTの有効性が信用できると思えるかという「信用度チェック」も行うようにする。

ステップ2：自己焦点づけの評定

ATTを導入する前に，自己と外界への焦点づけの程度について，マイナス3（完全に外界に注意が向いている）からプラス3（完全に自分に注意が向いている）までの7段階のリッカート・スケールで評定する。ATT実習後にもう一度評定し，変化が2ポイント未満の場合は，その理由を検討するようにする。

ステップ3：ATTの実施

ATTを開始する前に，ここでの課題は注意を指示されたように焦点づけしていくことそのものであることを強調する。そして，もし侵入的な思考や感情が生じた場合には，それらを単にバックグラウンドで流れている雑音のように扱い，抑制したり排除したりしないようにすることが大切であることを，明示的に理解してもらうようにする。そして，眼前に用意した注視点を練習中ずっと見ておくように伝える（視覚刺激の統制のため）。

ATTは，まず選択的注意から始めるが，一緒に練習する際には，セラピストの声に注意を集中してもらうことから始めればよい。聞こえてくる声だけに60秒ほど注意を集中させるようにしたあと，次は，たとえば机をコツコツとたたく音に注意を集中させるようにし，さらには，セラピールーム内で聞こえる時計なり空調なりの音に集中させるといったように進めていく。

その後は，セラピールーム外の音に注意を向けさせる。ここでは，方向を指定するだけでもよく，たとえば，部屋の外でクライエントのうしろのほうにどんな音が聞こえるか，右のほうでは，左のほうでは，と順次注意の方向を向け直していくようにする。

次の段階は，注意の転換である。これは注意の集中の際に指定した6～8個の音や場所の間で，10秒程度で（後半は5秒程度まで短くする）すばやく注意を転換していく方法である。最後は，3分程度の短時間で，それまでに注意を向けたすべての音を同時に聞くように気を配る，注意の分割の練習に

なる。

　注意の集中，転換，分割と，うまくできる内容や程度に個人差があるので，場合によってはかなり難しく感じるかもしれないことも伝えて，うまくできないことによる負担感の増大や動機づけの低下を防ぐようにするとよい。

ステップ4：ATTの振り返りとホームワークの設定

　ステップ3の内容をクライエントと一緒に振り返り，自分ひとりで実行できる程度に手順が理解できたかどうかを確認する。そして，少なくとも毎日1回15分訓練を実施するようにホームワークの設定をするが，ステップ3の最初で述べたように，この方法を不快な思考や気分に対する対処手段（気ぞらし）として使わないように，もう一度確認をする。

　ATTは，この方法単独で，パニック障害，うつ病，健康不安，幻聴などに効果があるという報告がなされている[2]。また，脳機能画像のデータでは，うつ病の治療（次章で取り上げるDBTによる集中的治療）に対する付加的効果として，大脳全体の司令塔と呼ばれる（実行機能を担う）前頭前野背外側部の活動を強め，S-REFモデルの中では下位レベルの情報処理と関連づけられている扁桃体の活動を抑えるといった効果も示されており[4]，MCTにおいて想定されている心理学的な効果だけでなく，脳機能に直接影響を与えることによる生理心理学的な効果の面からも，さらに検討を深めることが期待される。

ディタッチト・マインドフルネス

　次に取り上げるのは，ディタッチト・マインドフルネス（DM）[2)3)]と呼ばれる方法である。これは名前にも，マインドフルネスが入っているので，本書全体とも関係が深いはずだと考える読者も多いだろう。つまり，これまでに説明してきたマインドフルネスと，DMはどこが一緒でどこが違うのかということに答えることが必要であろう。ごく単純化して言えば，ウェルズは，一部重なるところはあるが別の概念であると説明している。

DMは，みずからの認知とのかかわり方，柔軟な注意コントロールと思考スタイルの発達といった観点から，1994年の『心理臨床の認知心理学』の中で初めて提唱された概念である。

　DMのマインドフルネスのほうは，思考，信念，記憶，知っているという感じなどの内的な認知的出来事に気づいているという状態を意味している。そして，その気づきは思考や信念に対するメタ認知的気づきであり，その際に内的出来事に向けられた注意が，どれか特定の出来事に縛りつけられることなく柔軟な状態を保っていることの重要性が強調される。

　一方で，DMのディタッチメントのほうは，さらに2つの特徴を表現している。その第一は，内的出来事に対するすべての心的反応から距離を置いているということであり，これはCASに対するアンチテーゼを含んでいる。つまり，ディタッチメントは，心配，反芻，抑制，コントロール，脅威刺激のモニタリング，回避，認知に反応して脅威を最小化しようとする試み，などを放棄することから構成されている。ここで述べたDMとCASとの対照的な関係を説明しているのが図9である。この図からわかるように，オンライン処理手続きとしてのS-REFは通常はCASのかたちで働くために病理的過程になってしまうが，それをDMに置き換えていくことで適応的な情報処理ができるようにすることが，MCTの目標ということになる。

　第二に，ディタッチメントとは，内的出来事を一般的な自己意識から独立したものとして経験することを意味している。それは，自己の視点を，思考や信念の観察者として経験することであるとされる。これに関しては，メタ認知理論が一般的な認知とメタ認知を分けているところから可能になる視点のもち方であると説明されている。このことは，MCTの基盤であるメタ認知理論において，メタ認知のレベルから内的出来事をみるメタ認知モードと，通常の認知のレベルで内的出来事を体験する対象（object）モードという2つの心のモードが想定されていることと関係している。対象モードでは，思考や信念は，五感と同じように外界そのものを表していると捉えられる。それに対して，メタ認知モードでは，思考や信念は，外界にある事物とは別の心の中の単なる出来事であると捉えられることになる。つまり，DM

```
         ┌─────────────────────┐
         │   メタ・システム    │
         │  ・メタ認知的信念   │
         │  ・メタ認知的プラン │
         │      ╭─────╮        │
         │      │モデル│       │
         │      ╰─────╯        │
         └─────────────────────┘
            │            ▲
            ▼            │
        ┌─────────┐ ┌─────────┐
        │モニタリング│ │コントロール│
        └─────────┘ └─────────┘
─────────────────────────────────────
        オンライン処理手続き

   ┌──────────────┐ ┌──────────────┐
   │      DM      │ │     CAS      │
   │十分なメタ認知的気づき│ │不十分なメタ認知的気づき│
   │  認知の脱中心化  │ │   認知の中心化   │
   │距離を置く注意の向け方│ │ 固着する注意の向け方 │
   │  弱い概念的活動  │ │  強い概念的活動  │
   │ 弱い目標志向的対処 │ │ 強い目標志向的対処 │
   └──────────────┘ └──────────────┘
         │              │
       侵 入          バイアス
         ▼              ▼
         ╭────────────────╮
         │ 自動的な情報処理 │
         ╰────────────────╯
                ▲
               入力
```

図9 ディタッチト・マインドフルネス（DM）とCASのS-REFモデル（文献2）

を実現することによって，メタ認知レベルの情報処理にシフトすることが目標とされるのである。

　前記の特徴を満たしていれば，いろいろな方法でDMを実現することができるはずであるが，当然具体例があったほうがわかりやすいだろう。そこで，ウェルズは，10個の方法を例として挙げているが[2]，ここではそのなかから，自由連想タスクについて説明してみよう。

　このタスクの狙いは，メタ認知的気づき，概念的処理が少ない状態，そしてディタッチメントを実現することである。このタスクは，最初に，「毎日頭に浮かんでくる考えのほとんどはどうなるのでしょう。その考えはどこに行ってしまうのでしょうか」などと尋ねることによって，特別な感情が伴わない思考に対しては，DMが実は日常生活の中で普通に行われている情報処

理であることについて話し合ったうえで導入するといった工夫をすると，理解が進みやすいとされる。

　今から少し時間をとって，普段よく使う言葉のリストを読み上げていきます。その際に，あなたの心はそれぞれの言葉に反応していろいろと動くと思いますが，好きなようにさせておいてください。ここでは，心の反応を意識的にコントロールしようとしないことが重要です。心の中で起こる出来事に，受け身的に気づくようにだけしてみてください。そうすると，ほとんど何も浮かんでこないこともありますし，映像やイメージが浮かんでくることもあれば，気持ちや感覚の動きまで感じられることもあります。それでは，これから普段よく使う言葉を，1つずつ読み上げてみます。みかん，鉛筆，テーブル，虎，木，ガラス，そよ風，銅像……。自分の心を眺めてみた時，何が起こりましたか。[3]

　このあとで，さらに，感情を喚起するような言葉を加えて，同じ練習を行うことで，侵入思考やいやな考えに対しても，同じように概念的処理をしないで距離を置いて観察することができることに気づいてもらうようにする。そして，日常生活の中で，否定的な考え，心配，反芻，侵入思考，気持ちの変化に対して，受け身的に気づく戦略を使ってみるように，ホームワークとしても練習を重ねられるようにする。

メタ・システムへの介入

　この項では，先に，②ネガティブ・ポジティブそれぞれのメタ認知的信念とメタ認知的プランの内容を適応的なものに変えること，と述べた介入方法について具体的に説明してみよう。それは，図9の「メタ・システム」に対する介入ということになる。

メタ認知的信念

　MCTによる介入は，精神疾患の持続要因として大きくかかわっているとされるネガティブなメタ認知的信念への介入から始めることが多い。ちなみに，認知／行動療法の中で，ネガティブなメタ認知的信念に明示的に焦点づけするのはMCTだけであるとされており，MCTによる介入を理解する際のポイントの一つといえる。

　さまざまな精神疾患に共通するネガティブなメタ認知的信念には，前章で疾患特異的モデルを解説する際にも述べたように，心配や反芻をコントロールすることができないという信念と，心配や反芻自体が危険な状態であるという信念が含まれる。

　全般性不安障害（GAD）やうつ病に対するMCTでは，この2つのうちの前者から取り組むことになる。その方法としては，コントロールできないとするメタ認知に対する根拠とそれに反する根拠を話し合うことから始める（言語的再帰属）。反する根拠としては，たとえば，誰かから緊急の電話がかかってきた場合に，心配や反芻がどうなるかといったことを尋ねて，必要な時には止まる（ということはコントロールが利いている）という事実に目を向けてもらう。次に，実際にコントロールできるという体験的メタ知識を得てもらうために，「心配・反芻延期実験」という行動実験を導入することもある。これは，1日の遅い時間に，15分間程度の心配・反芻をするための特別な（ただし，無理に心配・反芻しなくてもよい）時間を設定し，それまでは先延ばしにしておくという方法である。

　次に，心配や反芻の危険性に関するメタ認知への介入を進めることになる。ここでも，コントロールできないとするメタ認知の場合と同様に，根拠とそれに反する根拠を話し合ったり，危険を生じるメカニズムを答えてもらったり，心配になること（タイプ1心配）は普通のことであるという心理教育によって，言語的再帰属を図るようにしていく。

　さらに，GADでは，「コントロール喪失実験」という行動実験を行うこともある。これは，最初はセラピーのセッション内で「心配時間」を設けて，可能な限り心配をして，まったくコントロールできない状態になろうとして

もらう，という方法である。ここではかえって不安は下がることが多いが，さらに，日常生活の中でも心配になっていることに気づいたら，もっともっと心配して，ほんとうにどうしようもなくなるかどうかを確認してもらうというホームワークを出すことも有効である。

　一方，うつ病の場合は，反芻していること自体に対するメタ認知的気づき自体が弱いので，メタ認知的信念への介入を始める前に，ATTとDMの実践を行うことが多い。うつ病では，注意の持続（選択的注意）の障害などを含む前頭前野背外側の異常が認められることが多いため，ATTを最初に行うことは合理的であると考えられよう。

　また，思考や感情，そして記憶に過度の重要性を置くメタ認知的信念を有している強迫性障害（Obsessive-Compulsive Disorder：OCD）や心的外傷後ストレス障害（Post-Traumatic Stress Disorder：PTSD）なども，まずはメタ認知モードに入れるようにするために，DMの訓練から始めるのが一般的とされる。

　ちなみに，OCDやPTSDの認知／行動療法では，長時間にわたるエクスポージャーによって，不安や恐怖を引き起こす刺激に対する不適応的反応の消去を狙うのが一般的だが，MCTでは，思考や感情に過度の重要性を置くメタ認知的信念を変えることを特異的に狙っているため，行うとしても数分程度のエクスポージャーで十分とされている点も注目に値するだろう。

　ネガティブなメタ認知的信念への介入がある程度進んだら，ポジティブなメタ認知的信念への介入を行うことになる。ここでも，言語的再帰属から始める。たとえば，「利点―欠点分析」を行い，心配・反芻には利点よりも欠点が多いという事実に目を向けてもらうようにする。そして，利点として挙げられた事柄に対しても，他の方法で実現できないかどうかを一緒に検討する。

　また，「もし反芻が役に立つとしたら，ずっと反芻してきたのに気分が沈んだままというのはどうしてだと思いますか」といったように，直接的にポジティブと考える根拠について質問することもある。さらに，「心配・反芻調整実験」という行動実験を導入することもあるが，それは，ある1日はい

つもどおり反芻するようにし，別の1日はなるべく反芻しないようにして，反芻した日のほうが問題が少なかったかどうかを確認してもらうといったものである。

メタ認知的プラン

先に，MCTではネガティブなメタ認知的信念への介入から始めることが多いと述べたが，それに対して，メタ認知的プランへの介入は通常後半から終盤にかけて行われ，再発予防の役割までを担うことになる。

再度，メタ認知的信念とメタ認知的プランとの違いを整理すると，前者が自己の認知過程に関する信念のことであり，自分自身の認知処理を評価し，コントロールする役割をもつのに対して，メタ認知的プランとは，認知処理に加えて対処行動をコントロールする役割をもつ，さらに幅広いメタ認知のことである（対処行動に対する認知は道具的信念などと呼ばれ，厳密には「メタ認知＝認知に対する認知」ではないが，ここでは広義の使い方をしている）。つまり，メタ認知的プランとは，クライエントがみずから心理的状態をどのように捉え（モデル），ポジティブ・ネガティブのメタ認知的信念に基づいて，どのように考えて対処しようとしているのかというアクション・プランを意味している。これは，行動分析学で「行動随伴性を記述した言語刺激」と定義される「ルール」とも重なる内容をもったものであり，実際の随伴性の経験（体験学習）の有無にかかわらず，行動が効果的にコントロールされることになる。

以上より，心理的障害を有するクライエントのメタ認知的プランには，CASを構成する脅威刺激への注意バイアス，心配と反芻という反復的思考，回避行動や思考抑制などの対処行動などが，現在の心理的状態に対する有効な対処方法であるという誤った理解に基づいたアクション・プランが含まれていることになる。そう考えると，この修正がMCT全体の介入目標になり，再発予防にも役に立つという点も理解できるであろう。

具体的には，図9に示したようなCASに対抗するDMの要素を強化してきたことや，前項で述べたようなネガティブなメタ認知的信念やポジティブ

表4 GADに対する介入段階（文献2）

- ケースの概念化
- 心理教育
- メタ認知モードへの転換
- コントロールできないというメタ認知的信念への挑戦
- 心配は危険であるというメタ認知的信念への挑戦
- 心配に対するポジティブなメタ認知的信念への挑戦
- 心配の処理にかかわる新たなプランの強化
- 再発予防

表5 うつ病に対する介入段階（文献2）

- ケースの概念化
- 心理教育
- 注意訓練とディタッチト・マインドフルネス訓練
- ネガティブなメタ認知的信念（反芻はコントロールできない，自分では変えられない病気というモデル）への挑戦
- 反芻に対するポジティブなメタ認知的信念への挑戦
- 残存している抑うつ的行動と脅威刺激のモニタリングを除去する
- 反芻の処理にかかわる新たなプランの強化
- 再発予防

なメタ認知的信念に対する介入内容を振り返ることによって，今後のアクション・プランを言葉にしていく作業を行っていく．そして，最終的には，これまで自分が意識せずに従ってきた「古いプラン」とこれから指針にしていく「新しいプラン」を対比させながら，思考スタイル，行動，注意の焦点を各項目ごとに箇条書きにし，最後に，自分の思考過程について学んだことの全体を1つの文章にまとめて記載する「新プラン・サマリー・シート」の作成を行うと，介入終了後の振り返りや再発予防にも有用である．

　以上で，一連の介入の手順を述べてきたことになるが，全体の流れを整理できるように，例として，GADとうつ病に対する介入段階を箇条書きにしたものを表4と表5に挙げておこう．

マインドフルネスとの共通点と相違点

　以上でMCTの概説は終わりであるが，読者の皆さんは，前章の「はじめに」（71頁）で述べたように，MCTと新世代の認知／行動療法との共通点と相違点について，十分に理解できたであろうか。本項では，とくに，同じく認知療法から出発し，注意機能の重視を経てマインドフルネスの導入に至ったMBCT（マインドフルネス認知療法）やそのもとになったMBSR（マインドフルネスストレス低減法）と，MCTを比較することによって，両者の共通点と相違点について整理してみたい。

　まずは共通点に関しては，読者の方々も，注意機能の重視だけでなく，ほとんど同じようなことを言っているように思われた点も多かったのではないだろうか。たとえば，MBCTでは，「些細な気分の変化によって非機能的な思考パターンが引き起こされ，そこから反芻的で自己持続的な心の状態に入ってしまうことが問題である」とされたが，これは，MCTにおいて，「内的なきっかけによって，CASが引き起こされることが問題である」とする主張とかなり重なるものである。

　また，そこから抜け出すために必要とされる心的態度も，MBCTでは，ネガティブな思考や感情と距離をとり（脱中心化），それらが自分ではなく心の中の出来事に過ぎないという気づきをもつようにする（メタ認知的気づき）ことが求められるが，MCTでも，DMにおいて認知の脱中心化とメタ認知的気づきの強化が求められている。さらには，MBCTにおいて「何にどう注意を向けるかを選択することで，心のギアチェンジ（『すること』モードから，『あること』モードへ）をする」といわれていたことと，MCTで，思考を外界にある事物と同列に捉える対象モードから，外界の事物とは別の心の中の単なる出来事であると捉えるメタ認知モードへの転換を図るとすることの間にも，無視できない共通性があるといえるだろう。

　しかし，ウェルズは，DMとマインドフルネスの間には明らかな差異も存在すると述べている。たとえば，DMとは，自己注目から発展した概念であ

るCASに対抗する状態であることから，自己に由来する刺激への不必要な注目は避けるようにしており，呼吸に伴う身体感覚や感受への気づきを非常に重視しているマインドフルネスと明らかに異なっているとしている。また，MBSRやMBCTではマインドフルネス瞑想が実践の中心にすえられているが，MCTではCASから抜け出してメタ認知的信念を変容させることが目的であるため，DMの実践は比較的短時間で十分とされる。

さらに心理的介入法としての特徴としては，MBCTでは「マインドフルネス・アプローチを十分に機能させるために，治療という枠組みを放棄した」と述べられていたが，MCTでは，あくまでも認知行動療法的視点からクライエントが問題を解決することを援助するという立場をとっており，そのために疾患特異的モデルとそれに基づくケースフォーミュレーションが重視されていることも大きな違いである。また，ほとんど同じことのように思われるかもしれないが，MBCTでは認知の内容からその影響力（機能）へ，MCTでは通常の認知の内容からメタ認知の内容へ，注目するレベルを切り替えているという点にも微妙な違いがあるように思われる。

ここでは，以上で述べたような両者の差異を説明できる可能性の一つとして，DMとマインドフルネスにおける「観察者」の位置（視点）の違いということについて考察してみたい。

マインドフルネスでは，その実践の結果，無常・苦・無我という根本的な事実を洞察することが目標とされていた。ここで，無我という状態を前提とした場合，自己注目ということはありえないことではないだろうか。つまり，マインドフルネスで認めている自己の機能とは，観察するという働きのみであり，心の中の出来事であっても外の出来事であっても，どちらも自己の外側での出来事ということになるので，観察する方向としては，図10に示したように中心から外に向かう方向になるのである。それに対して，MCTでは，根本的な法則性の洞察といったことには言及せず，常識的な自分の内側と外側という区別を置いているため，DMという適応的な情報処理であったとしても，注意が自分の内側に向かう自己注目には変わりはないであろう。

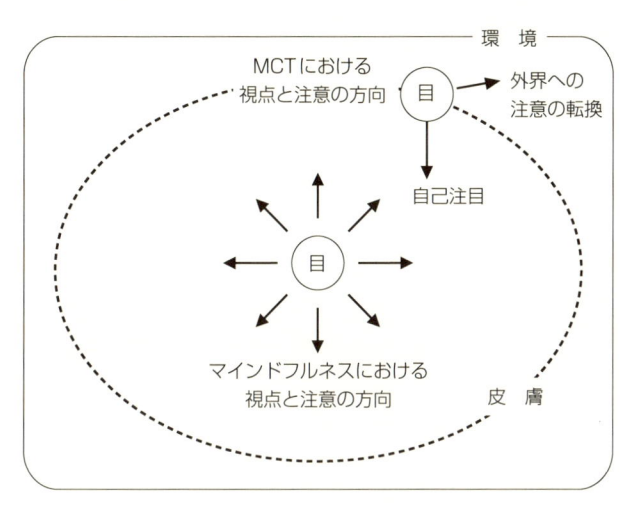

図10 MCTとマインドフルネスにおける視点の違い

　以上のように考えてみると，テーラワーダ仏教伝来のマインドフルネスによってもたらされる心のモードは，MCTのメタ認知モードからさらに一段観察のレベルが切り替わった「無我モード」とでも名づけてみればわかりやすいかもしれない（MBCTの「あること」モードは，こちらに近いと考えられる）。
　これはどちらが正しいかといった問題ではなく，人間観や世界観の違いであり，同じような議論は，次章以降で，行動分析学の基盤になる「個体の営みのうちで，外的環境に働きかけ，あるいは相互交渉をもつすべて」を行動とする徹底的行動主義と，外から観察できる外顕的行動のみを扱うべきであるとする方法論的行動主義の違いを考える場合にも，等しく取り上げられることになるテーマである。

まとめ

　以上，前章と本章の2章で，メタ認知理論に基づくMCTについて取り上げてきた。第5章で解説したMBCTでは「MBSRで認知療法を換骨奪胎し

た」と説明したが，MCTではあくまでも認知療法の伝統に立っているということが実感してもらえたのではないかと思う。

そして，メタ認知の内容を扱うということによって，通常の認知の機能を扱うことができるようになったという点と，ディタッチト・マインドフルネスにマインドフルネスと（アクセプタンスとも）一部重なる要素を含んでいるということで，新世代の認知／行動療法と無視できない共通点があるということも理解していただけたのではないだろうか。しかし，人間観（自己観）や世界観の点で，マインドフルネスとの間に重要な相違点があることも明らかになったように思う。

この相違点に関しては，先にも述べたように，どちらが正しいという問題ではなく，それぞれの立場をとることが何の役に立つのかという点から考える必要がある。MCTに関しては，内的な心理的過程をモデル化することによって，他の認知／行動療法にはないS-REF（自己調節実行機能）モデルとCAS（認知注意症候群）といった認知心理学・認知科学・脳科学的に検証可能性のある概念が提唱されていることが，大きなアドバンテージであろう。

一方で，マインドフルネスの立場にどのようなアドバンテージがあるかは，これまで取り上げた内容や，これから続くBA（行動活性化療法），DBT（弁証法的行動療法），ACT（アクセプタンス＆コミットメント・セラピー）の解説を通して理解を深めてほしいと思う。

〔文　献〕
1）A・ウェルズ，G・マシューズ（箱田裕司，津田彰，丹野義彦監訳）『心理臨床の認知心理学—感情障害の認知モデル』培風館，2002年
2）Wells, A.: *Metacognitive therapy for anxiety and depression*. Guilford Press, 2009.（熊野宏昭，今井正司，境泉洋監訳『メタ認知療法—うつと不安の新しいケースフォーミュレーション』日本評論社，2012年）
3）Fisher, P., Wells, A.: *Metacognitive therapy: distinctive features*. Routledge, 2009.
4）Siegle, G.J., Ghinassi, F., Thase, M.E.: Neurobehavioral therapies in the 21st century: summary of an emerging field and an extended example of cognitive control training for depression. *Cognitive Therapy and Research* 31: 235-265, 2007.

第8章

臨床行動分析入門
—— 認知行動療法のもう一つのウィング

はじめに

　前章までは，新世代の認知／行動療法に深い関連をもつ治療体系のうち，認知療法の伝統の中から発展してきたMBCT（およびその介入法のモデルになったMBSR）とMCTについて，それぞれを解説してきた。読者は，MBCTがマインドフルネスを活用し，MCTがメタ認知に注目することで，個々の認知の内容ではなくそのプロセスや機能に働きかけることを実現し，その結果，治療効果の媒介要因としての認知的変数の説明力を高め，従来よりも効率のよい介入ができるようになった可能性がある（MBCTはグループで8週間，MCTは8〜10回で構成される）ことが理解できたと思う。

　本書もこれから終盤に入るが，今度は，行動療法の伝統に位置づけられるBA（行動活性化療法），DBT（弁証法的行動療法），ACT（アクセプタンス＆コミットメント・セラピー）について，順次解説を進めていきたいと思う。

　ちなみに，これら3つの治療体系は，どれもが臨床行動分析[1]に基づく治療体系とされるため，本章では，臨床行動分析およびその基盤となる行動分析

学自体について，それがどのようなもので，行動療法や認知行動療法とどのような関係にあるかを説明しておきたい。

　一言で言えば，臨床行動分析は第一世代の行動療法の源流の一つになった行動分析学の伝統にあるのだが，歴史的には第二世代の認知行動療法の全盛期を経て登場してきているので，伝統的な認知行動療法とも多くの部分でオーバーラップしている。

　これに関して印象的だったのは，2008年11月にアメリカのオーランドで開催されたABCT（アメリカ行動療法・認知療法学会）のパネルディスカッションでの経験である。そこには，DBTの創始者のM・M・リネハン，ACTの創始者のS・C・ヘイズ，認知療法を専門とするS・ホフマンと論理情動行動療法を専門とするR・デジサッピが参加していた。そこで，S・C・ヘイズが，S・ホフマンと話すなかで，「認知行動療法（cognitive and behavioral therapiesではなく，cognitive behavior therapyと言っていた）はアンブレラなんだ。君たちはその片方のウィングにいると思うが，われわれはもう一方のウィングにいる」と発言したのを聞き，なるほど，みずからの立ち位置をそのように捉えているのだ，と了解できた。

行動分析学とは

　行動療法の由来には，松見によれば，次の3つの潮流があるとされている。[2]
　①応用行動分析（オペラント条件づけの応用）
　②不安障害の実験的臨床研究（レスポンデント条件づけの応用）
　③社会的学習理論と社会的認知理論（観察学習の応用）
　そのなかでも，これまでの適用範囲の広さを考えれば，行動分析学は行動療法の本流に位置しているといってよいだろう。

　行動分析学は，アメリカの行動主義心理学者B・F・スキナーが創始したものであるが，佐藤によれば，その基本的立場は次の4点に要約される。[3]
　①「個体は，なぜ，そのように行動するのか？」という問いに科学的に答

えることを目的とする
②その目的は，行動を制御している変数を環境の中に同定し，その制御変数と行動との関数関係を明らかにする関数分析により達成される
③ある個体の，ある瞬間における行動は，(1)その個体の遺伝特性，(2)その個体の誕生後の環境との接触の歴史，(3)その個体のその瞬間の環境条件，のいずれかに属する3種類の変数群により制御されている
④対象である行動と，その制御の源である環境以外のレベルに関係する構成概念は導入しない

　行動分析は，スキナー箱と呼ばれる装置を用いて動物のオペラント行動の制御変数を実験的に明らかにする実験的行動分析から出発し，その成果を人間のさまざまな問題行動に応用する応用行動分析として行動療法の源流の一つになった。

　「行動を制御している変数を環境の中に同定し」という表現からは，客観的に観察される行動（外顕的行動）のみが行動分析学の対象であるかのような印象を受けるが，実はそうではない。行動分析学においては，行動を「個体の営みのうちで外的環境に働きかけあるいは相互交渉をもつすべての営み」と定義するため，外部からは観察不可能な私的出来事である意識あるいは認知なども行動とされるのである[4]。

　この点について，佐藤は，多様な行動主義心理学を分類することによって，行動分析学のユニークな特徴を明らかにしている（図11）。J・B・ワトソンが1913年に主張した，「科学としての心理学は客観的に観察可能な行動のみを対象にすべきである」という行動主義宣言から行動主義心理学は始まったが，この立場は方法論的行動主義と呼ばれる。しかし，心理学において生体内部の諸要因を扱うニーズはやはりあったため，「論理的操作的な内的構成概念が必要」という立場の論理的行動主義がワトソンの記述的行動主義と分かれ，さらに「刺激─反応連合という構成概念は有効」とするかどうかで，S-R心理学と非S-R心理学が分かれ，「すべての構成概念を行動の言葉に還元できる」とするかどうかで，S-S心理学と認知心理学が分かれたと説明されている。

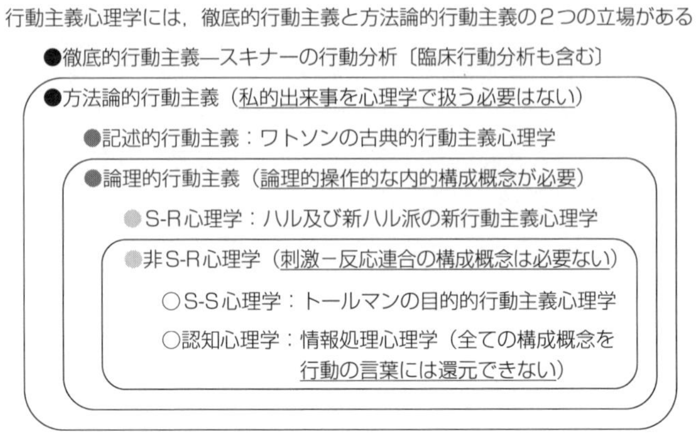

```
行動主義心理学には，徹底的行動主義と方法論的行動主義の2つの立場がある
  ●徹底的行動主義―スキナーの行動分析〔臨床行動分析も含む〕
  ●方法論的行動主義（私的出来事を心理学で扱う必要はない）
    ●記述的行動主義：ワトソンの古典的行動主義心理学
    ●論理的行動主義（論理的操作的な内的構成概念が必要）
      ●S-R心理学：ハル及び新ハル派の新行動主義心理学
      ●非S-R心理学（刺激－反応連合の構成概念は必要ない）
        ○S-S心理学：トールマンの目的的行動主義心理学
        ○認知心理学：情報処理心理学（全ての構成概念を
                    行動の言葉には還元できない）
```

図11　行動主義心理学の系譜（文献3）

　つまり，この説明によれば，現代の認知心理学も方法論的行動主義の立場と矛盾しない（あるいは相補的な関係にある）ことになるが，その事情は，第2章（24頁）で，認知行動療法の発展過程において，「（学習理論と情報処理理論の）お互いがカバーする範囲が狭い間は，問題のカテゴリーによって，住み分けや補い合いが可能である」と指摘したことと軌を一にしている。

　これに対して，スキナーはみずからの行動主義を徹底的行動主義と呼び，私的出来事も外顕的行動と同列に扱うことが可能であるとしたのであるが，この立場と「行動を制御している変数を環境の中に同定し」という行動分析学の基本的立場は，どのようにすれば論理的に矛盾なく理解できるのであろうか。

　それには，図12に示したように，方法論的行動主義と徹底的行動主義では，自分と環境との境界の位置が異なっていると考えてみればよい。つまり，前者では皮膚がその境界になり，「環境」はすべての人に共有される世界になるが，後者では「心の目」の外側が境界になり，ある個人にとっての「環境」にはすべての人に共有される「公的環境」とその人だけが観察可能な「私的環境」の両方が含まれるとするのである。そこからさらに理解でき

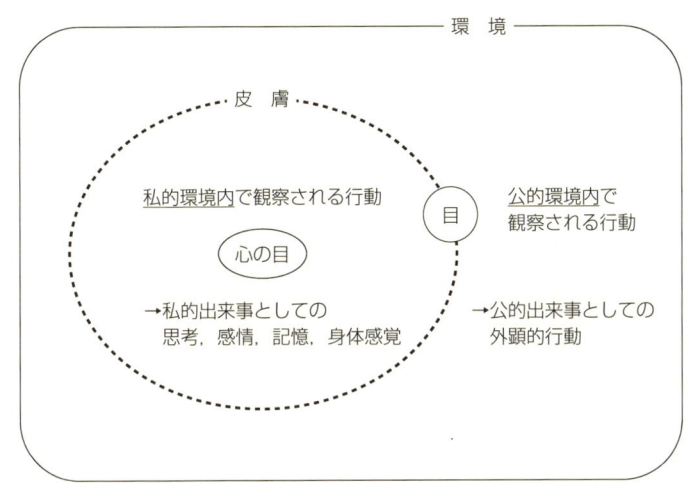

```
                  ─── 環  境 ───
            ···── 皮  膚 ··─···
         私的環境内で観察される行動    公的環境内で
                              目   観察される行動
            心の目
          →私的出来事としての     →公的出来事としての
            思考,感情,記憶,身体感覚   外顕的行動
```

行動=「生体の働きのうちで，外界に働きかけたり交渉をもったりするもの」
図12　公的環境と私的環境

るのは，徹底的行動主義が想定している「自分」の機能とは「今この瞬間の体験を観察する働き」のみであり，時々刻々観察している「心の目」以外は，すべて自分の外＝環境になるということである。

　ところで，図12を見て，第7章の最後に説明した図10「MCTとマインドフルネスにおける視点の違い」(95頁)との共通性を感じた読者もいるのではないだろうか。これは何を意味しているのであろうか。

臨床行動分析への展開

　オペラント学習では，前記のとおり，行動とは環境側の反応（結果）と環境内の刺激（弁別刺激）によってコントロールされる従属変数であり，自分でコントロールできる独立変数ではない。それを前提として，意識や認知なども行動であるとしたらどういうことになるかと言えば，やはり自分ではコントロールできない従属変数であるということになる。この点について，佐藤が「このように，徹底的行動主義の立場に立つ行動分析学は，われわれが

いわゆる『自由意志』をもっているという考えは全くの幻想であることを明らかにしているのである」と述べている[4]ことは注目に値するだろう。つまり，徹底的行動主義とマインドフルネスの世界観は，「無我」という根本的な点で一致している可能性があるのではないだろうか。

このことが，行動の予測と制御という行動分析学の目標にどう関係するかというと，公的出来事も私的出来事も，観察できる環境内での出来事であることに変わりないことになり，そのためお互いの因果関係が説明しやすくなる。これがまた，仏教で「縁起」と表現される考え方と共通していることも，偶然ではないかもしれない。

ちなみに，自由意志がないとすることと，自由がないとすることはまったく別のことである。この場合は，「誰に」自由がないのかと考えてみることが役に立つだろう。「自由意志がない」という言葉は，ある自己イメージを自分だと思い込み（ACTでいう「概念としての自己」が優位な状態），その自分が自由に考えたり行動したりできるはずだと考えると，自由にはならないということを意味している。一方で，今ここでの体験を通して現実を把握し，それに沿って柔軟に行動する（プロセスとしての自己），そしてその自分の動きを客観的に見ることができている（観察者としての自己）という状態が実現できれば，みずからが置かれた文脈に最も合うように行動できるようになるという意味では，大きな自由を享受することは可能といえるであろう。

臨床行動分析は，以上で述べてきたような行動分析学の中で発展してきたものであるが，この分野の代表的な研究者であるM・J・ドウアーとS・C・ヘイズによれば，以下のような特徴をもつとされている[5]。

① 心理士が外来の支援場面で一般的によく出会う問題や状況を対象とし，行動分析学の前提・原理・方法を，現代の言語や認知に対するアプローチの仕方に特別な注意を払いつつ，応用すること
② 対象となる問題は，正常に発達した大人が呈する臨床的障害（うつ病，不安障害，物質依存，対人関係上の問題など）であり，これらの発症・維持・治療に寄与する変数やプロセスを同定していくことが含まれる

③このような問題に対処する際に治療者は，クライエントの行動の強化随伴性に対して，面接場面以外では直接的なコントロール力をもたず，治療を進めるためには言語的な介入に頼ること

一方で，行動分析学の臨床応用として長年活用されてきた応用行動分析では，公的環境内で他者からも観察可能な行動を対象として，弁別刺激―行動―結果の結びつきを明らかにし（三項分析＝ABC分析），個体と公的環境内の刺激との関係を操作する直接的な随伴性マネジメントによって介入を行うことが一般的である。それによって，実験的行動分析の知見に基づく確実な効果をもたらすことができるのであるが，直接的に強化随伴性を操作することができるのは，自閉症や頭部外傷など重篤な行動上の問題を抱えているために入院したり施設に入所したりしているクライエントに限定されてしまう。他には，学校にいる生徒などであれば，比較的直接介入できる機会が多いとしても，外来に1週間か2週間に1度通ってくるクライエントでは，事実上，直接的な介入は不可能になってしまい，そこが，第1章，第2章でも指摘した「適用できる範囲が狭すぎる」という問題にもつながっていた。

この限界をどう乗り越えて臨床行動分析が発展してきたのかという要点は，先ほどの特徴の記述の中の「現代の言語や認知に対するアプローチの仕方に特別な注意を払いつつ」「治療を進めるためには言語的な介入に頼る」という箇所に示されている。つまり，ルール支配行動，刺激等価性，派生的刺激関係などの言語や認知を対象にした行動分析学的な基礎研究の成果が蓄積され，言語行動の学習原理として関係フレームづけが定式化されたことが，大きな契機になったのである。

これらの事情については，ACTを扱う際にさらに具体的に触れたいと思うが，本章では刺激等価性や関係フレーム理論といった言語行動（本章ではその定義も示していない）そのものの基礎研究の成果に踏み込む前に，随伴性を直接コントロールできないという実地臨床上の限界を乗り越えることと関係の深い，いくつかのポイントについて説明しておきたい。

ルール支配行動

　ここでは，まず，臨床行動分析が必ず視野に入れる必要があるルール支配行動について説明しておこう。

　言語行動を扱う場合には，話し手としての行動の特徴と，聞き手としての行動の特徴に分けて考えるとわかりやすいことがあるが，ルール支配行動は，強化随伴性を記述した言語刺激（ルール）によって非言語行動がコントロールされるという，言語が聞き手に対してもつ機能を強調する概念である。

　ルール支配行動では，直接の随伴性の経験がなくても，新しい行動が習得される。たとえば，今，読者が本書を読んで，これまで知らなかった知識を得て，これまでに行ったことがない行動が実行できたとしたら，それはルール支配行動である。そう考えると，人間の学習の大部分がこの形式に則っているということも理解できるだろう。

　ルール支配行動以外の学習の形式は，随伴性形成行動と呼ばれる。それには，刺激強化子随伴性（条件刺激が無条件刺激の到来の信号になる）によるレスポンデント条件づけと，反応強化子随伴性（結果によってそのあとの行動が決まる）によるオペラント条件づけが含まれていることは，これまでにも何度か説明してきた。こちらは，ヒト以外の動物にも認められる学習形式であることを考えると，オペラント条件づけにおいても学習過程が意識される必要はないという興味深い性質を理解することができる。ただ，その裏返しとして，行動とその結果との間に一定以上の時間（動物の場合は60秒）が経過してしまうと，行動を強化したり弱化したりする機能がなくなってしまうことも知られている。

　このことは，たとえば，ペットの犬にトイレをしつける場面を考えてみるとわかりやすいだろう。前のおしっこから時間が経って，なんとなく落ち着かなくなってきたら，トイレの場所に連れていって座らせて，そこでうまく出せれば，うんとほめるようにする。その一方で，別の場所で出してしまっ

たら，すぐに叱って，またトイレの場所に連れていき，そこで少しでも出せればうんとほめる，といったことを繰り返せば，トイレのしつけはできるだろう。しかし，別の場所で粗相をした場合に，飼い主が忙しくてすぐに対応できずに，20分後に思いっきり叱ったとしたらどうだろうか？　犬は何のことかわからず，飼い主を怖がるようになってしまうだけであろう。

　オペラント条件づけに関しては，人間も同じであり，これが後悔先に立たずとか，何度失敗しても懲りないという，万人に共通する経験の背景になっている。つまり，短期的な結果によって行動は自動的に増えたり減ったりするが，長期的な結果（Delayed outcome）によってはそういうことは起こらないということである。たとえば，太ってしまって，あとでいやな思いをしたり，洋服のサイズが合わなくなったり，医者から血圧が上がるからダメだと言われることが繰り返されたとしても，甘いものを食べた直後の満足感，リラックス感，気晴らし，不安や怒りの緩和といった効果ゆえに，なかなか食べるのをやめられないということになる。

　実は，行動療法（あるいは認知／行動療法を含む多くの心理療法）が対象にするクライエントのほとんどは，この「短期強化によって不適応行動が維持されるために，長期的に不都合な結果が続いてしまい，それに困って来談する」というパターンになっている。前記のとおり，これはオペラント学習の原理では解決できないのだが，「直接の随伴性の経験がなくても行動がコントロールされる」という性質をもつルール支配行動を活用すれば解決可能になることも了解できるだろう。

　つまり，自分が抱える問題とその解決策（たとえば，甘いものを食べすぎて太った結果，血圧が高くなっているのだから，甘いものを我慢して体重を下げればよい）を十分に理解して，解決する意義（血圧が高いままだと余病がいろいろ出て寿命が短くなる可能性が高い）もよく考慮したうえで，自分にとって長期的に有用な行動を選択できれば，それを実行することができるのである。

　その一方で，誤ったルールをもってしまったために不適応に陥っている場合はどうだろうか。たとえば，乗り物恐怖のクライエントが，「私は電車に

乗ると具合が悪くなるけれど、乗らなければ大丈夫」と思っているような場合である。この場合は、電車に乗るという行動をとらなくなるため、ずっと乗り物恐怖が持続するようになってしまう。そこで、いろいろと話し合って、別の考え方ができるようにしたり、試しに乗ってみたりするように勧めて、その結果で適応的な方向にルールを変えていってもらうようにすることが有効である。

　この介入自体は認知再構成法となんら変わらないが、第7章の、MCTにおけるメタ認知的プランの解説（91頁）で触れたように、ルールはメタ認知的プランと重なる概念であるため、ルールを変えることができれば、とても効率のよい介入になる。その一方で、認知の内容ではなく機能を重視するという臨床行動分析の立場からは、アクセプタンスや脱フュージョン（第13章参照）によって、ルールが非言語行動に及ぼす影響力や効果を削ぐという介入も活用されていることを指摘しておこう。

行動クラスへの注目

　臨床行動分析が、外来の支援場面など、直接随伴性のコントロールができない状況下においても機能分析に基づく介入を行うためのもう一つのポイントは、行動クラスへの着目である。
　行動は「個体の営みのうちで外的環境に働きかけあるいは相互交渉をもつすべての営み」と定義されるため、実は、さまざまなレベルで規定することができる。つまり、ABC分析（三項分析）をする際のBとして、いろんな複雑性のレベルを設定することができるということである。
　たとえば、「仕事から家に帰った時（A）、リビングのテーブルの上にあるお菓子をいっぱい食べる（B）と、ホッと一息つけてストレス解消になる（C）」という行動を考えた場合、「リビングのテーブルの上にあるお菓子をいっぱい食べる」という行動は、さらに、リビングに入る、テーブルの上を見る、お菓子を見つける、「おっ、うまそうだ」と思う、お菓子を手にとる、お菓子を食べ始める、「これはいい」と思う、食べ続ける、「そろそろや

めないと」と思う，でも食べ続ける，お腹の張りを感じる，食べ終わる，といった複数の行動を含んでいると捉えることも可能なのである。

そして，直接随伴性のコントロールができる状況であれば，こまかい行動（モレキュラー行動）に分けて，その弁別刺激や結果を操作しながら，望ましくない行動を減らし，望ましい行動を増やし，望ましい行動の連鎖を作り上げていくようにするわけである。しかし，外来でせいぜい週に1回くらいしか面接できない場合は，日常生活における問題行動（介入のターゲット行動）の状況把握は，クライエントの言語的報告に頼るしかなく，その場合は，ある程度まとまった大きさの行動（モル行動）に着目するほうが現実的になる。そして，モル行動に着目する際のポイントとして，機能が同じ行動をまとめて，行動クラスとして捉えるのである。

たとえば，不安障害であれば，自分が苦手な状況で（A），回避行動をとることで（B），ザワザワした気分やドキドキする身体感覚を体験しなくてすむ（C），という行動が認められることが多い。この場合の回避行動には，その場を離れる，話題を変える，次々に話し続ける，いろいろと考え続ける，タバコを吸い始める，などなどさまざまなカタチ（トポグラフィー）の行動が含まれることになるだろう。

そして，以上のような，日常生活中のターゲット行動を捉えるためには，

先行事象（A） 行動の前に何が起こったか？	行動（B） 何をしたか？	結果（C） 行動の後で何が起こったか？
日時：		
日時：		
日時：		

図13　ABC機能分析シート（文献6）

面接場面で話してもらうだけでなく，何らかのかたちで記録（セルフモニタリング）してきてもらったものを用いて情報を得ることが有用になる。そのためには，さまざまなモニタリングシートが用いられるが，その一例を図13に挙げておこう。

機能分析の進め方

　最後に，臨床行動分析における機能分析の進め方と，それに基づく介入のポイントを説明しておきたい（図14）。

　まず最初に，図14の「確立操作」について説明しよう。これは，第2章（29頁）で「文脈の重視ということ」を取り上げた際に「たとえば，子どもにおつかいに行くことを覚えさせようとして，まず声をかけてお願いをして，帰ってきたらごほうびにお菓子をあげる，といった場面を考えてみた場合，それがたまたまおやつの時間の直後で子どものお腹がいっぱいになっている時では，あまり効果はないであろう」といった例を引いて説明したことである。つまり，「子どものお腹を空かせておくという操作が，お菓子が強化子として成り立つために役に立つ」という意味で，確立操作と呼ばれ，一般的には動機づけを高めると表現されることと関連している。

　ここで，先に説明したルールもこの確立操作として機能するために，場合によっては，随伴性の影響を受けにくくなることが理解できるだろう。つまり，たとえば「血圧が高いままだと余病が出て寿命が短くなる可能性が高い，だから甘いものを食べるのは我慢したほうがよい」というルールを獲得したとすれば，甘いものを食べないで我慢する結果起こる，食べたいという衝動の高まりや口さびしい感じなどの，本人にとって望ましくない出来事が，我慢するという行動を弱化する機能を小さくできるのである。そしてその一方で，我慢できた直後に感じる達成感などがもつ強化機能は，このルールの存在下では強められることになる。

　以上述べてきたことを踏まえて，機能分析を行うポイントを図示したのが図14（文献7をもとに，DとEを加えたもの）である。介入のターゲット行

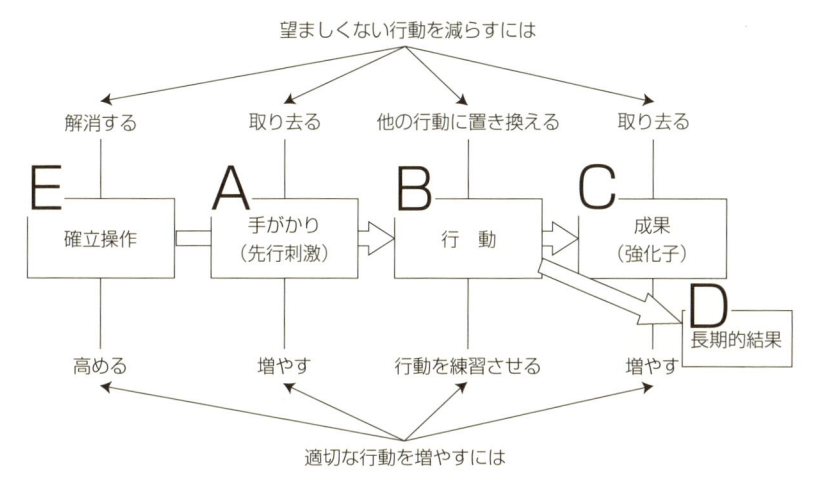

```
                    望ましくない行動を減らすには
        ┌───────┬──────────┬──────────┬──────────┐
     解消する   取り去る   他の行動に置き換える   取り去る
        │          │              │              │
       ┌─┐       ┌─┐           ┌─┐            ┌─┐
       │E│───────│A│───────────│B│────────────│C│
       └─┘       └─┘           └─┘            └─┘
      確立操作   手がかり         行　動          成果
               （先行刺激）                    （強化子）
                                                   ╲
                                                    ┌─┐
                                                    │D│
                                                    └─┘
                                                  長期的結果
        │          │              │              │
      高める     増やす     行動を練習させる     増やす
        └──────────┴──────────────┴──────────────┘
                    適切な行動を増やすには
```

図14 ABCDE分析とそれに基づく介入ポイント（文献7をもとに作成）

動の維持要因に関してABC分析を行うことは，今まで繰り返し述べてきたとおりであるが，さらに，臨床的な問題と重なることの多い長期的結果（Delayed outcome）やルールを含めた確立操作（Establishing operation）についても特定できるように，ABCDE分析まで進められるとよい。ここで，これまでの説明から，実は，Dの内容と適応的なルールとしてEに位置づけられる内容を一致させることが，介入目標になることが多いことも理解できるのではないだろうか。

そして，介入をする場合は，この機能分析に基づいて，A・B・C・Eそれぞれの要因に働きかけることになるが，その具体的方法に関しては次章以降に順次解説していきたい。

まとめ

本章では，これから解説していくことになるBA，DBT，ACTに共通する基礎理論である臨床行動分析について説明してきた。読者は，介入対象とする問題が第二世代の認知行動療法と重なる一方で，介入の方法論がかなり

異なっていそうであることに気づかれたのではないかと思う。具体的に，どこが共通していてどこが異なるのかに関しては，次章以降でご理解いただければと思う。

〔文　献〕
1）ユーナス・ランメロ，ニコラス・トールネケ（松見淳子監修，武藤崇，米山直樹監訳）『臨床行動分析のABC』日本評論社，2009年
2）松見淳子「行動療法の動向」『精神療法』25巻4号，296-306頁，1999年
3）佐藤方哉「行動心理学は徹底的行動主義に徹底している」『理想』625号，124-135頁，1985年
4）佐藤方哉「言語への行動分析学的アプローチ」浅野俊夫，山本淳一，日本行動分析学会編『ことばと行動―言語の基礎から臨床まで』3-22頁，ブレーン出版，2001年
5）Dougher, M.J., Hayes, S.C.: Clinical behavior analysis. In: Dougher, M.J.(ed.): *Clinical behavior analysis*. pp.11-26, Context Press, 1999.
6）パトリシア・A・バッハ，ダニエル・J・モラン（武藤崇，吉岡昌子，石川健介，熊野宏昭監訳）『ACT（アクセプタンス＆コミットメント・セラピー）を実践する―機能的なケース・フォーミュレーションにもとづく臨床行動分析的アプローチ』星和書店，2009年
7）坂野雄二監修，鈴木伸一，神村栄一『実践家のための認知行動療法テクニックガイド―行動変容と認知変容のためのキーポイント』北大路書房，2005年

第9章

行動活性化療法
――機能と文脈の評価には行動することが必要

はじめに

　前章では，臨床行動分析およびその基盤となる行動分析学自体について概説をした。そのなかで，介入対象とする問題が第二世代の認知行動療法と重なる一方で，介入の方法論としては，機能分析に基づき，行動の連鎖を構成するA（先行刺激），B（行動），C（結果），E（確立操作）に働きかけるという特有の枠組みをもつことを説明した。

　本章からは，その介入の具体的な方法について，BA（行動活性化療法），DBT（弁証法的行動療法），ACT（アクセプタンス＆コミットメント・セラピー）を解説していく。

　その特徴は武藤によれば，BAとDBTが「特定的（specific）」で，ACTは「般性・汎用的（general）」とされている[1]。その意味は，BAが抑うつ，DBTが自殺企図のある境界性パーソナリティ障害に特化した対応方法を提供している一方で，ACTが行動分析学の基本的スタンスを障害の種類を問わず広く適用するための方法を提供しているということであるが，外来での個人療法をベースとするBAとACTにはかなりの共通点が認められる。

ごく簡単にその共通点をまとめると，ACTを構成するコミットメントの要素に集中的に取り組んでいるのがBAであり，アクセプタンスの要素はBAにも含まれるが結果的に活用されている程度である，ということになるだろうか。さらには，第8章で挙げた臨床行動分析の3つの特徴（102頁）のうち，①の前半と②③は両者に共通しているが，①の後半に含まれる「現代の言語や認知に対するアプローチの仕方に特別な注意を払いつつ」という側面が，BAではそれほど強調されてはおらず，刺激等価性や関係フレーム理論といった言語行動の基礎研究の成果は，ACTで初めて本格的に活用されることになるといってよいだろう。逆に言えば，ACTではコミットメントの要素（価値づけとそれにコミットした行為を増やすこと）は必ずしも理解しやすくないのだが，その側面に関しては，BAのほうがずっと自覚的に取り組んでいるために，BAを通してACTも理解しやすくなる面があるともいえるだろう。

　本章では，2001年（邦訳は2011年）に出版され，文脈を考慮した機能分析（臨床行動分析の立場そのもの）に基づくうつ病への介入法を確立したといってよい，C・R・マーテル，M・E・アディス，N・S・ジェイコブソンの『うつ病の行動活性化療法』[2] に依拠しながら，2009年に出版され，BAの歴史的発展過程も踏まえたうえで，うつ病をめぐるさまざまな臨床的問題に適用しやすいようにBAの全体像を紹介した，J・W・カンター，A・M・ブッシュ，L・C・ラッシュの Behavioral activation: distinctive features [3] も一部参照しつつ，BAの基本的理解が可能になるように解説を進めてみたい。

BAの歴史

　ここでは，カンターらの本[3]に従って，BAの発展の歴史をまとめておこう。

　BAがうつ病に対する介入技法として登場したのは，うつ病が発症するのは安定した正の強化が得られなくなる時であるとする初期の行動理論を，

P・M・レーウィンソンが臨床適用した1970年代初めである。レーウィンソンは，もし個人が正の強化と接触できなくなっているとしたら，それに対する治療法には，活動スケジュールによって正の強化との接触を再確立することと，ソーシャル・スキルトレーニングによって正の強化の源泉と安定した接触を維持できるようにすることが必要であるとした。

しかし，その後1979年（邦訳は1992年，新版は2007年）に，A・T・ベックの『うつ病の認知療法』[4]が出版され，うつ病治療には認知療法が標準的に適用される時代が始まった。まったく同じ頃，レーウィンソンらも，活動スケジュール，スキルトレーニング，認知再構成法からなる治療マニュアルに基づく要素研究を実施し，その結果，3つの要素間には効果の違いはなく，どれもウェイティングリスト群よりも高い効果が認められたことを報告した。そしてレーウィンソンらは，これら3つの要素を統合した認知行動的治療法が最良の効果をもつはずとして，以後心理教育的な治療プログラム（1984年に Coping with depression course と題した治療マニュアルが出版されている[5]）を展開していくことになったため，純粋なかたちでのBAの適用は行われなくなったのである。

次にBAが介入技法として紹介されたのは，前記のベックの治療マニュアルにおいてである。ベックは18章のうちの1章をレーウィンソンの活動スケジュールを解説するために当て，この方法を，認知的技法を導入する前や，とくに重症のクライエントに適用すべきであると提案している。しかし，認知療法の中では，正の強化が得られる行動自体を増やすためではなく，特有の思い込みや不合理な信念などに反する証拠を提供し，認知の変容を引き起こすための行動実験としてBAが用いられていることに注意が必要である。

BAにとっての大きな転機は，1996年にジェイコブソンらが発表した認知療法の要素分析の結果もたらされた[6]。この研究では，1979年のベックの治療マニュアルは，①活動スケジュール単独（ジェイコブソンによって behavioral activation と名づけられた），②活動スケジュールと自動思考の再構成からなる認知再構成法，③活動スケジュール，認知再構成法，中核信念の変容からなる認知療法のフルパッケージ，の3つの加法的な治療要素に分

けられるとされ，3条件間で比較をする注意深くデザインされた治療効果研究が行われた。その結果，驚くべきことに，2年後のフォローアップまで含めて，この3条件の間には治療効果の差が認められず，ジェイコブソンらは，うつ病治療には認知理論やそれに基づく介入は必要ないと結論づけることになった。

その後，マーテルらが独立したBAのマニュアルとして出版したのが，2001年の『うつ病の行動活性化療法』である。ここでは，初期の行動分析家であるC・B・ファースターの行動理論が全面的に取り上げられているが，それは，うつ病患者では正の強化が得られないだけでなく，嫌悪的状況を受動的に回避することでも活動性が低下するというものであり，この回避にどのように取り組むかが，マーテルらのBAの大きなテーマになっている。また，書名（*Depression in context: strategies for guided action*）[2]にも含まれているように，文脈の視点が非常に強調されており，徹底的行動主義とほぼ同義で使われる「機能的文脈主義」に基づく介入法としての位置づけがはっきりと打ち出されている。

現在，独立した治療法としてBAといった場合には，通常このマーテルらのものを意味しており，近年いくつかの効果研究の結果も報告されている。そのなかで2006年，S・ディミジアンらが，BA，認知療法，パロキセチンによる薬物療法の3つを対象に実施したランダム化比較試験の結果はとても印象的である[7]。3つの治療法とも，軽症のうつ病患者には同等に効果的であったが，中等症から重症のうつ病患者に対しては，BAは認知療法よりも有意に効果が大きく，パロキセチンと同等の効果を示していた。

パロキセチンなどの抗うつ薬による治療は，従来よりドロップアウト率の高さや治療中止後の再発・再燃率の高さが指摘されていることを考え合わせると，マーテルらのBAは，総合的にみて非常に優れた治療法である可能性が高い。以下では，この方法について，より具体的な説明を行ってみよう。

機能的文脈主義に基づくBA

　ここでは，マーテルらのBAについて，機能的文脈主義の理解，BAの基本的枠組みと具体的介入法という観点から概説してみたい。

機能的文脈主義とは
　機能的文脈主義とは，先に述べたように徹底的行動主義とほぼ同義で使われる言葉であるが，行動の機能を考える際に文脈の効果に深く注目する立場である。
　文脈とは何かという点に関しては，前章でも確立操作との関連で説明をし，第2章（29頁）でも「文脈の重視ということ」という節で取り上げた。そこでは，行動の機能とは，弁別刺激—行動—結果の連鎖の中で，相互に関数関係をもちながら及ぼし合う効果や影響のことであるが，その場合，何を基準にして「機能的」（効果や影響がある）といえるのかを示す必要があり，その基準を与えるものが「文脈」になる，と指摘した。
　一方，マーテルらの本の第3章のタイトルは「文脈的アプローチ」となっており，文脈主義に関してくわしく述べられているので，その記述を引用しながら，以下に，文脈とは何であり，何でないのかを簡潔にまとめてみよう。
　まず，BAでの文脈という考え方は，以下の3つの哲学的な使われ方がされている。
　①特定の行動の意味や機能は，過去と現在の文脈を無視して理解することはできない（私が先述したことと同じである）
　②物事の本質についての主張の意味は，その物事が起こっている文脈に由来する（文脈主義において何が真実かを判断する基準がプラグマティズムであるという立場）
　③行動がその文脈に依存しているとすることは，行動分析学が行動と結果の関係を強調するのに似ている（したがって，機能的文脈主義は徹底的

行動主義とほぼ同義で用いられる)

　これらのうち，②に関して，もう少し説明が必要だろう。つまり，この哲学的立場では，プラグマティックな真実基準を採用し，真実が文脈と独立に存在するのではなく，「事実の分析は，いつもある目的のために行われるし，異なる状況では異なった見方で構成される」ということになる。この立場は，真実を文脈から捉えるという点で構成主義と共通しているが，両者には相違点もある。

　一方で，文脈という言葉が意味しないものとして，以下の3つが挙げられている。

①文脈主義は生物学的決定論ではない（生物学的要因は人々の生活にかかわる文脈の大きな部分を占めるが，それが行動の原因であるとは考えない）

②文脈主義は認知的決定論ではない（認知的要因は人々の生活にかかわる文脈の大きな部分を占めるが，それが行動の原因であるとは考えない）

③文脈は生活の中の出来事ではない（文脈は，単に人が生活する状況を指しているのではなく，人と環境の双方が時間経過の中で変化しながらかかわり合う相互交流を意味している）

④文脈は，人々が自分の現実を作り出したり，人生の物語を構成したりすることにかかわるものではない（文脈主義の関心事は，絶え間なく変化する環境とのかかわりの中で，人々の行動が形成され，維持される方法である）

　ここで，構成主義との違いについて触れた④に関して，少し補っておく必要があるだろう。先に，プラグマティックな真実基準ということに言及したが，機能的文脈主義の目的が「真実を文脈的に捉える」ということではなく「行動の予測と制御」であるため，その真実基準が異なってくるという点が両者の違いをもたらすのである。つまり，行動の理解に役に立つことではなく，行動の制御に役に立つことを真実とみなす立場が，機能的文脈主義であるといえるだろう。

BAの基本的枠組み

機能的文脈主義に基づくBAの基本的枠組みについては，マーテルらの本[2]の中の以下の記述が参考になる。

　現在提案されている行動活性化療法は，この初期のモデル（筆者注：レーウィンソンらのもの）とは異なってきている。まず，現在の行動活性化療法は，個性記述的かつ機能主義的アプローチである。クライエントの生活から広範囲にわたって楽しい出来事が失われているとは仮定していない。さらに，行動活性化療法において，私たちは行動を増加させるような物事を強化子としてみるので，楽しい出来事はすべて正の強化であるとはあまり考えない。私たちは，クライエントとともに，彼らの行動の機能を明らかにし，その行動を維持させている可能性のある随伴性を探そうとする。次に，私たちの行動活性化療法モデルは，もっぱら活動的になることと，活動的になることを妨害するものに焦点を当てるけれども，この独立した行動活性化アプローチでは認知的治療は含まない。私たちは，純粋な行動論的枠組みによって，観察可能なクライエントの行動変化を説明することができると信じている。最後に，私たちは，個人的な目標に向けてクライエントが動き出せる助けとなる活動を計画したり，機能分析によって特定された回避パターンを阻止したりできるようにクライエントを援助する。

つまり，生活内で正の強化を増やすために活動性を高めることを目的として，文脈を考慮した機能分析の結果に基づいて，正の強化が随伴する行動を増やし，妨害的に働く回避行動を減らすように介入する。そして，生物学的要因，認知的要因が行動の原因であるとは考えないという立場から，薬物療法や認知的介入が内側から外側へ働きかけることを目指すのと逆に，外側から内側へ働きかける，すなわち毎日の生活の中での行動を変えること自体が目的になる（認知や身体も結果的には変わることが多い）。

　この外側から内側へ働きかけるという方向性は，BAにおけるアクセプタ

ンスとも関係しており，マーテルらの本[2]の中では以下のように述べられている。

　行動活性化療法のセラピストにとって，クライエントが口にする最悪の言葉は，「やる気が出てくれば……」である。クライエントの気持ちが変わるのを待っている間は，現在の状況は前進しそうにない。これが，行動活性化療法のアクセプタンスの概念である。

　ちなみに，この方向性には，マインドフルネス瞑想の進め方などにも認められる「カタチから入る」という，われわれ東洋人には比較的なじみのある方法論との共通点もうかがわれるが，その一方で，BAのもう一つの特徴である，機能分析に基づいて個性記述的に増やすべき行動と減らすべき行動を明らかにしていくという大原則は，相違点として注目する必要があるだろう。

BAの具体的介入法
　次に，以上のような基本的枠組みを踏まえたうえで，具体的にどのように介入するかのポイントをまとめてみよう。
活動記録表の活用
　まず，正の強化をもたらすものが楽しい出来事に限らないとしたら，どのようにそれを特定したらよいかということが問題になる。それは機能分析によると説明してきたのだが，もっと具体的にどうしたら機能分析ができるのかということを考えると，「ある行動の機能は行動してみないとわからない」という事実にたどり着く。つまり，行動した結果を観察してみないと，その行動がどの程度の正の強化や弱化を随伴するかはわからないということである。そして，それを外来ベースで行うとしたら，セッション中に治療者との関係で認められる行動を題材にする以外は，第8章（107頁）でも実例（ABC機能分析シート）を挙げたようなセルフモニタリングを十分に活用することが必要になる。

あなたは何をしていましたか？　あなたはどのように感じましたか？（例えば，怒り，悲しい，うれしい，恐怖などの感情）　あなたは誰といましたか？　1〜10点で感情の強さを評価してください。

	日曜日	月曜日	火曜日	水曜日	木曜日	金曜日	土曜日
午前12:00							
午前1:00							
午前2:00							
午前3:00							
午前4:00							
午前5:00							
午前6:00							
午前7:00							
午前8:00							
午前9:00	シャワー 穏やか1						
午前10:00	朝食 悲しい5						
午前11:00							
午後12:00							

図15　活動記録表（文献2）

BAを実施するためには，活動記録表というモニタリングシートがよく使われ，大きな効果をあげている。マーテルらの本[2]に載っているものを図15に挙げておく。ポイントは，継続して使いやすいように，たとえばＡ４用紙1枚で1週間ぶんになるようにして，1～2時間単位くらいで記述できるようにすることなどである。

　レーウィンソンの方法やそれを取り入れた認知療法では，最初はこれに日常生活の記録を書き込み，その内容をクライエントとともに振り返るようにする。その際よくある反応としては，意外と多くの活動をしていることに気づいて驚くというものである。それだけでも，うつ病患者に典型的に認められる「自分は何もできなくなってしまった」という認知を変容するために，かなりの効果がある。そして，次のステップでは，活動スケジュールとして，1週間の予定を立てて，実際に行動した際の楽しさと達成感を記録し，ネガティブな面を過大評価しがちな認知の変容をさらに図っていくという使い方になる。

　一方，マーテルらの方法でも，形式上は基本的な違いはないが，あくまでも，憂うつな気分の時にどんな行動パターンがみられるか，何か活動をしてみた結果はどうであったかなどを確認し，正の強化が得られる行動を増やしていくことがその目的になる。そして，最初は日常生活の記録から始めて，順次，活動スケジュールとして活用していくという記入の仕方も同様だが，あくまでも個々のケースの機能分析に応じて，必要な部分のみ活動スケジュールとして使うといった，よりカスタマイズした使われ方になることが多い。

　たとえば，ある行動課題がホームワークになった場合，治療者と相談しながら一番実行できそうな日時を決め，それを活動スケジュールとして記入する。そして，実際に行動した結果を記入しておき，次のセッションで，実際に行動できたかどうか，その結果はどうだったかを，記録をもとに話し合うといった具合である。

TRAPからTRACへ

　活動記録表によって，日常生活での行動とその結果を捉えることができる

表6 TRAPからTRACへ（文献2）

Trigger：きっかけ **R**esponse：反応 **A**voidance- **P**attern：回避パターン	⇒	**T**rigger：きっかけ **R**esponse：反応 **A**lternative **C**oping：代わりとなる対処行動

ようになったら，次は，クライエント自身が機能分析を行い，その結果に基づいて正の強化につながるような行動（さまざまな活動）を増やし，それを妨げる行動（回避行動）を減らしていく方法を練習してもらう段階になる。

そのために3つの頭文字語（TRAP，TRAC，ACTION）が用いられる。回避行動がうつ状態を維持している主な問題であると考えられる場合に，そのパターンに気づき，それを変えるのに役立つのがTRAPとTRACである。この2つは「トラップ（罠）から抜け出して，トラック（進路）に戻る」という表現とともに教えられる。それぞれは表6の単語の頭文字から構成されている。

具体的には，落ち込みや不安などのいやな気分が強まった時に，どんなTRAPにはまっているかを順を追って検討する。きっかけ（Trigger）とは，クライエントが自動的に反応する環境内の出来事を意味しているが，それは公的出来事（例：ファミリーレストランで楽しそうに笑っている家族の隣に座る）であることも，私的出来事（例：うまくやれていた過去の自分と今の自分をあれこれ比較する）であることもある。次に，そのようなきっかけに対して自動的に起こってくる反応（Response）に目を向ける。これは，この検討を開始するサインになる落ち込みなどの気分や，それと関連する思考などの私的出来事であることが多い。そして，その不快な反応をなんとか取り除こうとする二次的な反応が回避行動（Avoidance Pattern）である場合に，短期的な気分の改善と引き換えに長期的なうつ状態の悪化がもたらされることになる。

その理由は，第一に，ACTを取り上げる第13章で詳細に説明するが，私的出来事（体験）を回避しようとすると，つねにうまくできているかどうか

第9章　行動活性化療法　121

をチェックするような思考過程が生じるために，逆にその回避しようとした私的出来事が強められてしまうからである。また，回避行動にはさまざまなカタチのものがあるが，そのうち，人に思ったことを言うのをやめる，家に閉じこもる，寝てばかりいる，アルコールや過食などで気を紛らわす，今のようになった原因や自分の悪いところを探すような反芻をする，といった行動が認められると，それ自体がうつ状態の症状を構成するものなので，当然うつ状態は悪化することになる。

そこで，きっかけ（Trigger）があって，いやな気分が生じるなどの反応（Response）が起こった時に，これまで繰り返してきた回避パターンの代わりになる対処行動（Alternative Coping）を探して実行するためのプロンプト（合図）が，TRACという頭文字語になる。そして，代わりになる対処行動の具体的な実行方法を示す頭文字語が，次に説明するACTIONである。

ACTIONモデル

ACTIONとは行動活性化療法のプロセス全般を引き起こすためのガイドであり，それぞれの頭文字には表7のような意味がもたせられている。

Assessでは，自分がひどく落ち込んでいることに気づいた場合などに，それをなんとかしようとしている二次的な反応が，回避行動なのかそれとも積極的行動なのかをチェックする。ただ，寝ることは回避にもなるが疲労回復の手段にもなる，いろいろと考えることは反芻にもなるが省察にもなるという具合に，回避行動と積極的行動との線引きは微妙なものであることも多いので，注意深くその機能を評価することが必要になる。

Chooseでは，まさに文脈に従って，その時にとるべき行動を選択するようにする。たとえば，人に思ったことを言うのをやめる，というのが回避行動であったとしても，当然相手によってはそのほうがよりよい長期的結果をもたらすということもある。したがって，クライエントを取り巻くさまざまな文脈を考慮したうえで，クライエント自身がその都度行動を選択したうえで実行することがとても重要になる。

しかし，さまざまな要因をよくよく検討したうえで行動を選択したとしても，その機能は実行してみるまでわからないので，選んだ行動は何でも試し

表7 ACTIONモデル（文献2）

Assess：この行動がどのように機能しているかをチェックする
Choose：回避か活性化のどちらかを選択する
Try out：選んだ行動は何でも試す
Integrate：新しい行動を毎日の生活習慣に取り入れる
Observe：結果を観察する
Never give up：決して諦めない

て結果を確かめるTry outの段階が次にくる。「考えているだけでなく，やってみよう」というわけである。

　そして，さらに重要なのは，自分にとって正の強化とうつ状態の長期的な改善をもたらすことがわかった行動について，毎日の日課の中に組み込んで（Integrate），新たな習慣として確立していくことである。これは，行動分析学で取り上げられる「行動」が，環境と個体との相互作用の中で繰り返される習慣として定義されることと関係しており，回避行動という非機能的な行動パターンを，新たな習慣的行動で置き換えていくことになる。

　次にくるのはObserveである。これはクライエント自身がみずからの行動の結果を観察することの重要性を意味している。これは，臨床行動分析では直接的に強化随伴性の観察やコントロールができないことと関係しており，そこではクライエントが観察して報告することが不可欠になるからである。

　そして最後が，Never give upである。第8章（105頁）で説明したように，クライエントは短期的強化を手に入れる引き換えに長期的に不都合な結果に苦しんでいることが多い。したがって，長期的に望ましい結果を手に入れられるような行動パターンを確立していくためには，苦痛な短期的結果を繰り返し乗り越えていく必要がある。つまり，決してあきらめずに，ACTIONに沿った行動を続けていくということが，BAそのものということになる。

段階的行動療法としてのBA

次に，カンターらの *Behavioral activation: distinctive features*[3] を参照することで，マーテルらのBAを認知／行動療法のより広い文脈から眺められるようにしてみたい。

うつ病の行動分析モデル

まず，カンターらに倣って，うつ病の行動分析モデルをまとめておこう。

現在の行動理論では，うつ病は，生活環境における正の強化の不足，同じく弱化の増加，そして負の強化の増加によって，発症，維持されると定式化されている。

以上のうち，負の強化とは，ここまでに繰り返し説明してきた回避行動によって不快な体験をすることを免れること（嫌悪刺激の消失または嫌悪刺激出現の阻止）で，回避行動自体が強化されるというプロセスを意味している。

また，弱化の増加とは，マーテルらのBAではあまり取り上げられていないが，極端な場合には，セリグマンの学習性無力感の理論[8]のように，回避することができない状況下で嫌悪刺激（嫌子）にさらされ続け，すべての行動が抑えられるようになる（弱化される）という結果がもたらされる。行動の種類によらず嫌子が随伴し，強化子が随伴することがない環境下では，自発的な行動が極度に抑えられることになる。

以上の行動理論に基づいてケースフォーミュレーションをした場合，まずは弱化の程度に注目することが必要になるだろう。たとえば，職場の上司が強権的で人の話をまったく聞かないような人であった場合は，先にも述べたように，回避行動をとることを選択したほうが弱化を減らすことができる可能性がある。つまり，相手や状況（つまり文脈）に応じて，柔軟に行動を選択していく必要があるということである。そしてそのあとに，なるべく正の強化を受ける機会を増やしつつ，負の強化を減らして長期的に望ましい結果

が得られるようにしていくことが治療目標になる。

単純活性化と機能分析に基づくBA

カンターらは，BAの適用可能性を広げるために，図16に示したような手順で，レーウィンソンに倣った単純活性化から，マーテルらに倣った機能分析に基づくBAまでをカバーするような段階的プログラムを提唱している。

```
セッション1
・病歴聴取
・治療原理の説明
・活動記録の開始
・価値のアセスメントの開始
・可能であれば単純活性化の実施

セッション2～4
・必要に応じて活動記録の継続
・価値のアセスメントの完成
・活動記録と価値のアセスメントに基づく活動階層表の作成
・活動階層表に基づく単純活性化の開始

セッション3～
・単純活性化の継続
・単純活性化の成功／失敗に基づく機能分析
```

単純活性化は成功したか

はい：単純活性化を継続し時間の経過で調整する　　いいえ：機能分析で焦点をあてる対象を決定する

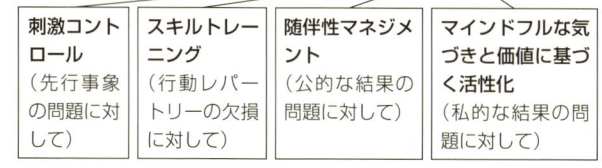

| 刺激コントロール（先行事象の問題に対して） | スキルトレーニング（行動レパートリーの欠損に対して） | 随伴性マネジメント（公的な結果の問題に対して） | マインドフルな気づきと価値に基づく活性化（私的な結果の問題に対して） |

```
最後の1～2セッション
・再発防止
```

図16 段階的な行動活性化療法の構造

第9章　行動活性化療法　125

この段階的プログラムでは，回避行動がうつ病の主要な維持要因にはなっておらず，生活環境における正の強化の不足が目立つクライエントがかなりおり，そのような者には，レーウィンソン流に楽しい出来事を増やすという方法（単純活性化）でもかなり効果が期待できると見込んでいるわけである。

　そして，余分な手間を省くために，まずはすべてのクライエントに単純活性化を実施してみるという段階からスタートさせるのが，このプログラムの特徴になっている。単純活性化が効果をあげるかどうかを確認して，効果が不十分であった場合に，詳細な機能分析で介入の焦点を決定するという手順を踏むことになっている。この「まずはやってみて結果を見よう」というスタンスは優れて行動分析的であり，とても効率のよい介入の進め方になっていると考えられよう。機能分析の結果，行動レパートリーの欠損に対して「スキルトレーニング」，公的な結果の問題に対して「随伴性マネジメント」，私的な結果の問題に対して「マインドフルな気づきと価値に基づく活性化」を選択するとしている点も，とても参考になる。

　これらのうち，「随伴性マネジメント」を外来治療で行うのは，第8章でも説明したように難しいのだが，家族などの協力が得られる時には一部実施可能である。それはとくに，家族の対応が，クライエントの抑うつ的な行動（たとえば，消極的に家に閉じこもる）を強化し，健康的な行動（たとえば，自律的にいろいろな活動に取り組む）を弱化している場合に有効である。このような場合には，家族などにも治療に来てもらい，望ましい行動と望ましくない行動を伝え，治療への協力をとりつけるようにするのがよい。

　次に，「マインドフルな気づきと価値に基づく活性化」と呼ばれているものは，マーテルらのBAと一番近い内容を意味しているものである。クライエントにとって長期的に望ましい結果（多くの強化が得られる生活）をもたらす人生の方向性のことを，ACTでは「価値」と呼んでいるが，マーテルらのBAは生活の文脈に注目することで，この「価値」に沿った活性化を目指している。

　そして，ACTで「価値の裏に痛みあり，痛みの裏に価値あり」というよ

うに，価値づけされた方向に沿って活性化を進めようとすれば，落ち込みや不安などもともと解消したかったいやな気分が強められることも少なくない。つまりここでは，不快な体験を回避させる負の強化に対抗していくことが必要になるわけだが，そのために「今，ここ」での体験にマインドフルに気づき，それをアクセプトすることで，活性化を進めやすくするという方法がとられていることが理解できるだろう。

まとめ

　本章では，マーテルらのBAを中心に解説を進め，最後にカンターらの段階的行動療法としてのBAに関する説明を参照することで，マーテルらのBAを認知／行動療法のより広い文脈から理解していただけたと思うが，いかがだっただろうか。

　行動の機能とそれと不可分の文脈を強調し，それらを評価するためには行動することが必要であるとしていることから，マーテルらのBAが臨床行動分析の応用そのものといえることを理解してもらえただろうし，前章の第8章の続編として臨床行動分析自体の理解を深めるためにも役に立ったであろう。また，臨床行動分析に基づくもう一つの体系であるACTと比較した場合に，アクセプタンスよりもコミットメントを強調した治療体系であることも理解してもらえたのではないだろうか。

　次章は，臨床行動分析に基づく治療体系としては，1990年代と最も早くから活用されてきたDBTについて解説する。DBTでは，自殺企図のある境界性パーソナリティ障害に特化して開発され，ランダム化比較試験などのエビデンスも豊富で，多職種からなる非常に集約的なチーム治療を行うことで随伴性マネジメントをかなり活用できるようにしていることが特徴である。一方で，介入が厳密な機能分析に基づいて進められる点や，アクセプタンスとチェンジの両面を強調する点などは，BAやACTなどとも共通しており，総合的に理解を深めてもらえるのではと考えている。

〔文　献〕
1）武藤崇「アクセプタンス&コミットメント・セラピー　Q&A集　Q7」『こころのりんしょうà・la・carte』28巻1号（熊野宏昭，武藤崇編，特集：ACT〔アクセプタンス&コミットメント・セラピー〕＝ことばの力をスルリとかわす新次元の認知行動療法），15頁，2009年

2）クリストファー・R・マーテル，ミッシェル・E・アディス，ニール・S・ジェイコブソン（熊野宏昭，鈴木伸一監訳）『うつ病の行動活性化療法―新世代の認知行動療法によるブレイクスルー』日本評論社，2011年

3）Kanter, J.W., Busch, A.M., Rusch, L.C.: *Behavioral activation: distinctive features*. Routledge, 2009.

4）A・T・ベック（坂野雄二監訳）『うつ病の認知療法』新版，岩崎学術出版社，2007年

5）Lewinsohn, P.M., Antonuccio, D.O., Steinmetz, J.L. et al.: *The coping with depression course: a psychoeducational intervention for unipolar depression*. Castalia Publishing Company, 1984.

6）Jacobson, N.S., Dobsons, K.S., Truax, P.A. et al.: A component analysis of cognitive-behavioral treatment for depression. *Journal of Consulting and Clinical Psychology* 64: 295–304, 1996.

7）Dimidjian, S., Hollon, S.D., Dobson, K.S. et al.: Randomized trial of behavioral activation, cognitive therapy, and antidepressant medication in the acute treatment of adults with major depression. *Journal of Consulting and Clinical Psychology* 74: 658–670, 2006.

8）C・ピーターソン，S・F・マイヤー，M・E・P・セリグマン（津田彰監訳）『学習性無力感―パーソナル・コントロールの時代をひらく理論』二瓶社，2000年

第10章
弁証法的行動療法（1）
―― 治療原理主導という力のもとに

　　はじめに

　本書も終盤に差しかかり，第8章から臨床行動分析に基づく治療体系の解説を行ってきている。まず，第8章では，基礎的学問としての行動分析学やそれを直接的に臨床応用した応用行動分析の特徴と，原則的に外来治療の場で言葉を介してかかわる大人のクライエントに適応を拡大するなかで発展してきた臨床行動分析の特徴を対比させながら概説した。そして第9章では，機能的文脈主義に基づく臨床行動分析を，基本に忠実にうつ病治療に適用していると考えられるBA（行動活性化療法）について説明をすることで，臨床行動分析に含まれる行動の機能，文脈，人生の方向性（価値）といった中核的な概念とともに，それを介入に活かす具体的な方法論についても理解してもらえたのではないかと思う。
　そして，BAでは正の強化が得られる行動を増やすというコミットメントの側面が強調されているのに対して，ACT（アクセプタンス＆コミットメント・セラピー）では刺激等価性や関係フレーム理論といった言語行動の基礎研究の発展に基づいて，言語行動が非言語行動に対してもつ抑制機能に注

目し，その結果，アクセプタンスの方向へのいっそうの展開がみられていることも指摘しておいた（実は，言語行動が非言語行動に対してもつ促進効果への注目によって，価値の明確化という観点もさらに強調されるようになっている）。

　ここで次はACTの解説へと進めば，読者の理解がさらに直線的に深まることも期待されるのであるが，その前に，臨床行動分析に基づく治療法の中で最古参のDBT（弁証法的行動療法）が，前記のコミットメントとアクセプタンス，そして新世代の認知／行動療法に共通する治療要素であるマインドフルネスをどう扱ってきたかを理解したいと思う読者も，少なからずいるのではないだろうか。そこで，本章ではDBTを取り上げることにしたのであるが，私自身，この決心がつくまでには，正直なところかなりの時間が必要であった。

　DBTは，大人のクライエントを対象とする心理臨床の中で，最も労力を必要とする一方で，非常に治療効果が得られにくい境界性パーソナリティ障害（Borderline Personality Disorder：BPD）に特化した介入法として開発され，1993年に治療法全体を解説する大部のマニュアル（日本語版で735頁）[1]とスキルトレーニングのマニュアル（日本語版で302頁）[2]の2冊が出版されることによって広く知られるようになった治療法である。そして，そのたいへん治療効果があがりにくいBPDに対して，ランダム化比較試験によって効果が初めて実証されたことで，大きく注目されるようになった。本書を書き始めた時点で私が知っていたのはこの程度のことであり，DBTのワークショップなどに出席したこともなかったので，私が解説をしてよいものかどうか迷ったのである。しかし，本書を書き進めるにつれて，新世代の認知／行動療法が発展してきた大きなうねりがみえてきた感じがあり，そのなかにDBTを位置づけてみたいとも思うようになった。

　そこで，手に入る多様な資料をなるべく参照してみようと思い，前記の2冊のマニュアル，2007年に遊佐が雑誌編集をしたDBTの特集号[3]，リネハンが1995年に出版したBPDの理解と治療に関する2本のビデオ（DVD）[4)5]，同じく2007年に出版された情動調節スキルに関するDVD[6]，そして本書で参照

することが多いdistinctive featuresシリーズのDBTのモノグラフ[7]などに，目を通してみた。

　その結果，ようやく，おぼろげながら新世代の認知／行動療法や臨床行動分析の発展の中におけるDBTの位置づけがみえてきたので，多少観念的になるかもしれないが，私なりの視点を提示することで，読者の皆さんの道案内のお役に立ちたいと思う。

治療原理主導ということ

　DBTというと，前記のように詳細な2冊のマニュアルが用意され，個人療法，スキルトレーニング・グループ，電話相談，ケース・コンサルテーション・ミーティングからなる複数の治療モードが設定されているなど，厳密に介入手順が決められたプロトコールに従って，BPDを対象に行われる認知行動療法，という印象をもつ人も少なくないだろう。そこで，まず驚かされるのが，DBTがプロトコール主導（protocol-driven）の治療法ではなく，治療原理主導（principle-driven）の治療法であると，はっきりと説明されているという点である。

　たとえば，M・A・スウェールズとH・L・ハードが2009年に出版した*Dialectical behaviour therapy: distinctive features*[7]では，一番目の理論ポイントとして"Principle-driven treatment"ということが取り上げられている。そこで述べられている論点は，BPDのクライエントでは，訴えの内容がパニック発作，社会的状況の回避，過食や嘔吐，自殺の脅かしと，来談するたびに変わってしまうことがめずらしくないので，単一のⅠ軸障害（アメリカ精神医学会の診断基準であるDSM-Ⅳが規定する精神疾患）を対象に作られている従来型の認知行動療法プロトコールでは対応しきれず，効果もあがりにくいという問題点の指摘である。そこでは，プロトコールに規定された決まった介入手順を守るのではなく，大枠としての治療原理に導かれながら，その場で適切な対応法を編み出していくことが必要になるというのである。そして，すべての治療法は治療原理に基づいている（principle-based）が，

すべてが治療原理主導というわけではない，という指摘も面白い。つまり，治療原理主導とは，治療という旅路の行く手を示す地図を治療者が描き，それを活用することを助けるための指針として理論を使うということを意味しているのである。

この点についてリネハンがどう考えているかは，遊佐が2000年にリネハンのもとを訪ねて行った貴重なインタビューでの説明[3]から，実に臨場感をもって知ることができる。

遊佐が「実際の治療法は認知行動的な技法をいろいろと汲み込んで折衷的な感じがしました」と投げかけたのに対して，「私自身は自分のアプローチを折衷主義の逆だと思っています」と答えたり，遊佐が，EMDR（眼球運動による再処理法）の創始者のF・シャピロのインタビューを引きながら，シャピロはEMDRのことを「Synclecticという言葉を使って自分の統合的な理論と折衷的な治療技法を組み合わせたアプローチ」と説明していたが，それと比べるとどうかと問いかけたのに対して，やはり「シャピロ博士とは逆のアプローチだと考えています……私のアプローチはその効果が実証されている行動療法の理論に基づいています……私にとっては，話をより複雑にする新しい理論を作り出すことには興味がありません。私は治療理論はできるだけ簡潔であるべきだと考えています」と答えたりしていることなどから，リネハンの基本的な立場が理解できるだろう。

そこで，実際にはどんな治療原理を用いるのかということが次に問題になる。この点について前記のインタビューの中でリネハンが述べているのは，ラジカル行動主義（radical behaviorism：徹底的行動主義），禅の原理，弁証法の原理の3つである。

徹底的行動主義

徹底的行動主義についてはこれまでにも何回か説明し，第9章（115頁）では，現在ほぼ同義で使われている機能的文脈主義という観点からの解説もしておいた。ここで，この点をリネハンがどのように述べているかをみておくことは，臨床行動分析全体の理解にも役立つだろう。

まず，DBT全体と徹底的行動主義のかかわりについては，前記インタビューの中で「弁証法的行動療法は，その治療の初めと終わりが特徴的で，中間は標準的な行動療法だと考えています……このアプローチでは行動分析を非常に重視します。特にチェーン（鎖）分析といって，ひとつひとつの問題行動を詳しく分析します……どのような行動を増加させ，どのような行動を減少させるかという，焦点をしっかりと絞った考え方をします[3]」と述べられていることから，DBTはまさに行動分析学の流れに位置づけられることが理解できる。
　そして，1993年の基本マニュアル[1]の中で，「ここで『行動面で』（behaviorally）というのは，患者が何をしていたか，何を感じていたか（情動と感覚），何を考えていたか（明示的なものと暗黙のもの，期待におけるものと仮定におけるものを含む），何をイメージしていたか，を意味する」「行動に先立つ出来事に関して，セラピストは，外的な出来事（外的状況や対人関係における行動の影響）についても，内的な出来事（情動，心身感覚，行為，イメージ，思考，仮定，期待）についても，情報を得なければならない」と説明されていることから，私的出来事も行動とみなす徹底的行動主義の立場に立っていることがよくわかるだろう。
　それでは，第8章（102頁）で説明した臨床行動分析の3つの特徴とはどのように対応しているだろうか。
　まず①の「心理士が外来の支援場面で一般的によく出会う問題や状況を対象とし」は当てはまるが，次の「行動分析学の前提・原理・方法を，現代の言語や認知に対するアプローチの仕方に特別な注意を払いつつ，応用する」という点については，あまり自覚的ではないように思われる。たしかに，認知的変数には注目しており，介入では認知再構成法も使われているが，それは，第1章（11頁）で取り上げたような，行動療法が発展する過程で認知的変数を取り込んで認知行動療法と呼ばれるようになっていったという経緯と重なっている。その背景として，DBTの原形が1987年に発表されているように，開発の時期が他の臨床行動分析の治療体系に比べて早かったということが関係しているであろう。臨床行動分析につながる言語行動の基礎理論の

第10章　弁証法的行動療法(1)　133

発展という面からこの時期をみると，1982年にM・シドマンとW・テイルビーが「刺激等価性（stimulus equivalence）」の定式化を行い[9]，1989年にS・C・ヘイズが編集をしたルール支配行動のモノグラフが出版される[10]など，ちょうどその基盤ができあがっていった時代に相当している。

次に，②の「対象となる問題は，正常に発達した大人が呈する臨床的障害であり」という点は当てはまるといってよいが，DSM-Ⅳでいうところの Ⅰ軸障害（精神疾患）ではなく，Ⅱ軸障害（パーソナリティ障害）を対象にしているところが際立った特徴である。

そして，③の「クライエントの行動の強化随伴性に対して，面接場面以外では直接的なコントロール力をもたず，治療を進めるためには言語的な介入に頼る」という点についても基本的に当てはまっているといえる。ただ，あとで説明するように，この点の限界を乗り越えるために，さまざまな工夫がされているのがDBTの大きな特徴の一つといえるだろう。

禅の原理

前節で説明したように，DBTはその成立の時期などから考えても，むしろ第二世代の認知行動療法（ただし行動療法から出発したもの）と共通する面が大きいのだが，それではなぜ新世代の認知／行動療法の代表例とされるのであろうか。

その点を理解するためには，第2章（28頁）で説明した第三世代の認知／行動療法の必要条件に戻ってみる必要がある。そこでは，認知の「機能」の重視と，マインドフルネスとアクセプタンスという介入要素の存在を共通する必要条件として指摘しておいた。そして，なぜ認知の機能が着目されるようになったかという臨床的な背景や，マインドフルネスやアクセプタンスがその機能を扱うための強力な治療要素として用いられるようになった経緯は，MBSR／MBCT（マインドフルネスストレス低減法／マインドフルネス認知療法）やMCT（メタ認知療法），BAを解説するなかで読者にも理解してもらえたと思う。

この面から，DBTには際立った特徴としてみえてくることがある。それ

は，禅の原理を徹底的行動主義と並置するかたちで，マインドフルネスとアクセプタンスを全面的に取り入れているということである。ただ，このことは，臨床行動分析の他の治療体系のように，認知の機能の重視からなされたわけではなさそうである。

　それではどんな理由があったのかというと，それはDBTの適用対象がBPDであるということから，その介入の必要条件として求められたものなのである。この点について，リネハン[3]は以下のように語っている。

　　行動療法の問題は，私の経験でも，他の多くの人の経験でも，このような技法を境界例人格障害の患者に使おうとするとき，次のふたつのことのひとつが頻繁に起きてしまいます。ひとつの可能性は，患者が自分のことを認めてもらえないと感じ，著しい怒りを感じ，治療者を攻撃することで，もうひとつの可能性は認めてもらえないと感じ，ひきこもり，治療を中断してしまうか無言になってしまう可能性です。……そこで考えついたのは，行動療法は変化のための技法であるのなら，その逆が必要ではないかということです。それなら受容の技法が必要ではないかと考えたのです。

　そして，受容を支える思想を求めることになったのだが，その過程で，たとえば，クライエント中心療法のC・ロジャースの考え方にも注目したという。しかし，ロジャースの考え方の中に「自己実現」という概念があることから，ここでの受容は変化のための受容であると気づき，"変化のために自分の手元に行動療法という効果的な方法があるのにうまくいかないことが出発点なのだから"と，さらに「不変化を受容できる考え方」を探究していくことになった。そして，東洋の禅の思想にたどり着き，根本的受容（radical acceptance：本書で使ってきた用語に従えば「徹底的アクセプタンス」）というスタンスとして，DBTの治療原理の片翼としての位置づけが与えられたのである。

　「セラピーではセラピストが変化に焦点を当て，患者が自分は変化しなければならないと思っている時に同時に，セラピストは治療関係と患者の治療

のその段階でのありのままを受容すること，そして患者にその時のその状態をどうやって受容することができるかを教えること，そして，同時にセラピストがセラピスト自身を受容することでバランスが取られます」[3]というわけである．

弁証法の原理

　以上のように，BPDの治療には，変化の原理である行動療法と，受容の原理である禅の思想の両方が必要だということになったわけだが，この2つはまさに両立しない対極の原理である．それを1つの治療体系の中に取り込むには，さらに一段上の枠組みが必要と考えたところから，第三の原理である弁証法が採用されることになった（図17）．

　少し話が横道にそれてしまうが，この視点は，私が本書を書き進めてきた意図とも共通したものがある．つまり，学習理論に基づく行動療法と，情報処理理論に基づく認知療法というまったく異質のものを合わせて「認知行動療法」として使えるようにするためには，さらに一段上の枠組みが必要であるため，それをなんとか提供できないかと考えたのである．そこで，「新世代の認知行動療法」という土俵を用意し，そこに含まれるための必要条件として「認知の機能の重視」と「マインドフルネスとアクセプタンスという治療要素の存在」という特徴を提示して，それが関連する多くの治療体系の中でどのように実現されているかをみてきたわけである．

　ここでは，リネハンにインタビューをした遊佐がまとめている部分がとてもわかりやすい．つまり，「境界例の患者さんが苦痛を経験している状態から脱却するために必要な変化をテーゼ（thesis）として捉えると，治療者，患者，またはその両者は変化しなければならないと考えること自体，その苦痛を増幅してしまうので，その必要な変化に向かう方向とは違った問題を結果として維持，増悪させるような行動を取ってしまう．逆に患者の状態，治療の現状を受容することができれば，患者の著しい苦痛は軽減するかもしれない．しかしそれでは，必要な変化が促進されない．だから，受容をアンチテーゼ（antithesis）としてとらえ，テーゼとアンチテーゼの緊張を通して

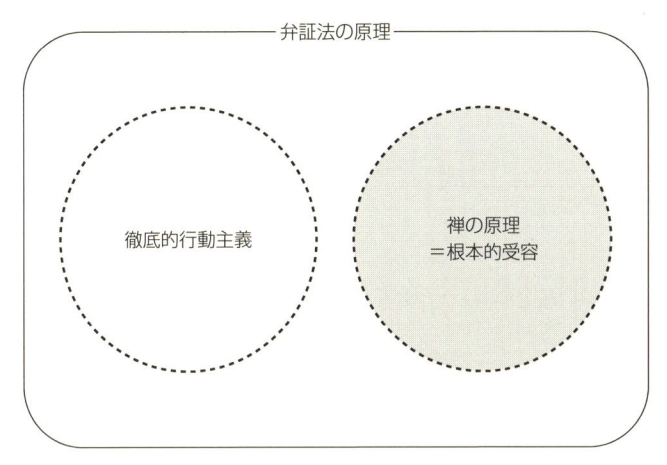

図17 DBTの治療原理

シンテーゼ（synthesis）としての治療的変化（transformation）が起きる」[3]と捉えるのである。

　この捉え方が，BPDの治療において変化と受容を共存させて理解するのに有効であったのは間違いないであろうが，リネハンがその後さらにこの原理を積極的に活用していった過程がまた興味深い。つまり，理論構築（説明概念）として弁証法を取り入れただけでなく，次の段階として，この原理主導で治療体系を洗練していく（つまり，折衷的な治療法にしないようにする）という方向に踏み出したのである。それは，治療アプローチの中で弁証法的でないものをすべて取り除き，実証研究でテストできるレベルの首尾一貫した治療体系を作り上げるということであった。ここまでくると，弁証法の原理自体が，変化や受容の原理と同様に治療のプロセスでも使えることになる。それは，先に遊佐の言葉でも指摘されていたように，変化と受容の弁証法的な緊張関係自体を，治療のプロセスを進める原動力として使うというスタンスをとることである。

　ところで，ここまできて，新世代の認知／行動療法に共通する「認知の機能の重視」ということがどうなったかを考えてみると，結果的にそれが実現される可能性に気づくのではないだろうか。変化という文脈の中では不合理

とされる考え方でも，そのままでいいという受容の文脈の中では問題にはされない。そして，考え方の矛盾は解消しなくてはならないという通常は当然のことと捉えられる「メタ認知」も，弁証法の文脈の中では意味を失い，考え方が矛盾しているということ自体が治療を進める原動力になるという機能を獲得するのである。

核となる治療戦略——受容の戦略

　次は，DBTで具体的にどのような治療戦略が用いられているかを簡単にまとめてみたいと思うが，この点については，私自身も標準的なDBTを使ってみたことはないので，ぜひ読者自身がみずからマニュアルなどにあたって，可能な範囲で実践してみながら理解を深めてもらうことをお勧めしたい。

　DBTの治療の核は，認証（validation）戦略と問題解決戦略のバランスをとった適用にあるとされるが，そのそれぞれが，先に説明した根本的受容と行動療法に関係していることは，読者はすぐに理解できるだろう。ここではまず，受容の戦略としての認証戦略について解説をしてみたい。

BPDの理解と認証の重要性

　DSM-Ⅳ-TRにおけるBPDの診断基準を表8に示したが[11]，DBTでは，BPDの中でも衝動的行為がコントロールできず，自殺類似行動（parasuicide behavior）を示す者をターゲットにしている。リネハンは，N・クライトマンによる自殺類似行動の定義を次のように紹介している[1]。

　①致命的でない，故意の自傷行動で，実際の生体組織の損傷や疾病や死の危険を伴うもの，あるいは，②身体的損傷や死を引き起こそうとする明確な意図を伴う，処方されていない薬物またはその他の物質の摂取，または処方薬剤の過量服用。

表8 DSM-Ⅳ-TRによるBPDの診断基準（文献11）

対人関係，自己像，感情の不安定および著しい衝動性の広範な様式で，成人期早期までに始まり，種々の状況で明らかになる。以下のうち5つ（またはそれ以上）によって示される。
(1)現実に，または想像の中で見捨てられることを避けようとするなりふりかまわない努力
(2)理想化とこき下ろしとの両極端を揺れ動くことによって特徴づけられる，不安定で激しい対人関係
(3)同一性障害：著明で持続的な不安定な自己像または自己感
(4)自己を傷つける可能性のある衝動性で，少なくとも2つの領域にわたるもの（例：浪費，性行為，物質乱用，無謀な運転，むちゃ食い）
(5)自殺の行動，そぶり，脅し，または自傷行為の繰り返し
(6)顕著な気分反応性による感情不安定性（例：通常は2～3時間持続し，2～3日以上持続することはまれな，エピソード的に起こる強い不快気分，いらだたしさ，または不安）
(7)慢性的な空虚感
(8)不適切で激しい怒り，または怒りの制御の困難（例：しばしばかんしゃくを起こす，いつも怒っている，取っ組み合いの喧嘩を繰り返す）
(9)一過性のストレス関連性の妄想様観念または重篤な解離性症状

　リネハンは，このような行動を伴うBPD患者が有する基本的病理を情動制御不全と捉え，それは大脳辺縁系内の反応性と注意のコントロール障害という生物学的要因によってもたらされると考えた。そして，それが，個人的経験を表現することが是認（validate）されないばかりか，たいていは罰せられたり，取るに足りないものだとされたりしてしまう不認証的（invalidating）な環境と結びつき，両者が時間をかけて相互作用した結果，BPDというパーソナリティ障害が生じるとする生物社会的理論を提唱したのである。

　ここでは，BPD患者が示す症状のほとんどは，強烈な情動を制御しようとする試みか，情動の制御不全の二次的結果であると捉えられる。とくに自殺類似行動を中心とする衝動的行動は，圧倒的で，激しい苦痛を伴うネガティブな感情の問題に対する非適応的な解決行動とみなされる。そのような考え方に基づいて，DBTでは，「ボーダーライン患者とセラピーに関して前提とすべきこと」が表9のように列挙されている[1]。

　ここまで述べてくれば，認証が必要な理由は理解できると思うが，それでは実際にどのように認証すればよいのだろうか。この点についても，リネハ

表9 BPD患者とそのセラピーに関して前提とすべきこと（文献1）

1. 患者はできる限りのベストを尽くしている
2. 患者は改善を望んでいる
3. 患者は変化に向けて，よりうまく行い，より懸命に取り組み，より動機づけられる必要がある
4. 患者の問題はすべて彼ら自身が引き起こしているのではないとしても，彼らはとにかくそれらを解決しなければならない
5. 自殺的なボーダーラインの人の現在の人生のあり方は，耐えられないほどのものである
6. 患者は関連するすべての状況において新しい行動を学習しなければならない
7. セラピーにおいて患者の失敗はありえない
8. ボーダーライン患者を治療するセラピストには支援が必要である

ンは，認証の定義から説き起こし，3つのステップに分けて具体的な説明を加えている[1]。

　まず，認証の本質とは，セラピストが患者に対して，患者の反応は現在の生活の状況において当然のことであり，理解可能なものだと伝えることだとされる。つまり，認証戦略では，出来事に対する患者の反応に本来備わっている妥当性をセラピストが探し，理解し，患者に示すということが必要である。そしてそれを示すためには，セラピストが積極的に患者を受容し，受容していることを患者に伝えることが前提になる。この認証戦略は，「禅の原理」の項でも述べたように，DBTの柱になる個人療法の初期段階における第一の戦略として位置づけられている。

　具体的にどのように認証をするのかは，次の3つのステップに分けて説明されている。

　第1ステップの積極的な観察（active observing）では，患者に何が起こったのか，あるいはこの瞬間に何が起ころうとしているのかに関する情報を集め，患者が何を考え，何を感じ，何をするのかを，患者から聞いたり，観察したりする。ここで重要なのは，治療者が注意を怠らず，理論，先入観，個人的偏見を捨てて，あくまで直接，患者の声に耳を傾け，目の前の行為を観察することである。

　第2ステップの映し返し（reflection）では，患者に対して，非判断的な

姿勢で，患者自身の情動や思考，前提，行動を正確にフィードバックするようにする。そして，患者とのやりとりを繰り返しながら，患者が自分自身の反応パターンを認識し，記述し，ラベルづけできるようになることを援助する。

　第3ステップの直接的な認証（direct validation）はDBTの本質をなすものとされるが，患者の反応の中にある知恵や妥当性を探し出して表現し，その反応が理解可能であることを伝える。患者の反応の機能不全的性質に幻惑されることなく，状況に対して理に適った反応が現れていることに注目する。そして，患者が自分自身を認証することを誠実に援助することを目指すのである。

まとめ

　本章では，DBTの前編として，まず，その大きな特徴である治療原理主導ということから説き起こし，徹底的行動主義，禅の原理，弁証法の原理という3つの原理とお互いの関係について説明した。次に，DBTにマインドフルネスやアクセプタンスが取り込まれたのが，BPD治療における必要性からであったことを説明し，臨床行動分析に含まれるその他の治療体系との違いについても，対比しながら理解できるようにした。そして，BPDの病態の特徴を踏まえながら，まずは治療を始めるために必要になる認証戦略について説明を試みた。

　次章では，DBTが臨床行動分析の中に位置づけられる大きな根拠ともいえる変化の戦略（行動分析と解決法分析，スキルトレーニング）について解説し，その後，DBTのもう一つの特徴である多様な治療モードの説明をしながら，治療が実際にどのように行われ，どの程度の効果が期待できるのかという点の理解を深めてもらおうと思っている。

〔文献〕
1）M・M・リネハン（大野裕監訳）『境界性パーソナリティ障害の弁証法的行動療法

―DBTによるBPDの治療』誠信書房，2007年

2）M・M・リネハン（小野和哉監訳）『弁証法的行動療法実践マニュアル―境界性パーソナリティ障害への新しいアプローチ』金剛出版，2007年

3）遊佐安一郎「『弁証法的行動療法』創始者，Marsha Linehan, Ph.D.を訪ねて（その1～3）」『こころのりんしょうà・la・carte』26巻4号（遊佐安一郎編，特集：DBT＝弁証法的行動療法を学ぶ），630-648頁，2007年

4）M・M・リネハン（大野裕総監修）「境界性パーソナリティ障害の理解―弁証法的アプローチ」JIP日本心理療法研究所，2005年

5）M・M・リネハン（大野裕総監修）「境界性パーソナリティ障害の治療―弁証法的アプローチ」JIP日本心理療法研究所，2005年

6）Linehan, M.M.: Opposite action video DVD: changing emotions you want to change. Guilford Pres, 2007.

7）Swales, M.A., Heard, H.L.: *Dialectical behaviour therapy: distinctive features.* Routledge, 2008.

8）Linehan, M.M.: Dialectical behavior therapy for borderline personality disorder. Theory and method. *Bulletin of the Menninger Clinic* 51: 261-276, 1987.

9）Sidman, M., Tailby, W.: Conditional discrimination vs. matching to sample: an expansion of the testing paradigm. *Journal of the Experimental Analysis of Behavior* 37: 5-22, 1982.

10）Hayes, S.C.: *Rule-governed behavior: cognition, contingencies, and instructional control.* Plenum Press, 1989.（Context Pressから2004年に再版）

11）アメリカ精神医学会（高橋三郎，大野裕，染矢俊幸訳）『DSM-Ⅳ-TR精神疾患の分類と診断の手引』新訂版，医学書院，2003年

第11章
弁証法的行動療法（2）
―― 臨床行動分析の発展における位置づけ

はじめに

　前章では，DBT（弁証法的行動療法）の解説の前編として，徹底的行動主義の特徴にも通じる治療原理主導ということと，BPD（境界性パーソナリティ障害）の病態の特徴によって，禅の原理とそれに基づく認証戦略が必要になったこと，そして徹底的行動主義と禅の原理を共存させるために，第三の原理として弁証法の原理が採用された経緯などについて説明を試みた。

　本章では，前章で説明した受容の戦略とともに核となる治療戦略の一翼を担う変化の戦略（行動分析と解決法分析，スキルトレーニング）と，DBTのもう一つの特徴である多様な治療モードの説明をしながら，治療が実際にどのように行われ，どの程度の効果が期待できるのかという点の理解を深めてもらおうと思っている。

　そして，最終的には，前章の「はじめに」（129頁）で予告したように，新世代の認知／行動療法，そして臨床行動分析が発展してきた大きなうねりの中にDBTを位置づけることを試みてみたいと思う。

核となる治療戦略——変化の戦略

前章では，受容の戦略ということで，BPDの病態の特徴とその理解の枠組みを踏まえながら，認証戦略の重要性について，認証の定義や具体的な認証の方法などを説明した。ここでは，徹底的行動主義に基づく治療法として面目躍如の，行動分析と解決法分析の説明から始めよう。

行動分析と解決法分析

認証戦略に力点を置くことによって治療を進めることができる見込みがもてたら，弁証法的な緊張関係のもとで，ただちに変化の戦略としての問題解決戦略も適用し始めることになる。DBTのこの側面については，まさに行動療法そのものであり，基本マニュアル[1]の記述も，行動分析（機能分析）とその結果に基づいた介入の進め方について，これほど具体的にわかりやすく書かれた本はないといってもよいくらいの充実ぶりである。ここでは，その手順を箇条書きでまとめたチェックリストを，マニュアルから再録させてもらおう（表10）。

DBTで問題解決に取り組む際には，このリストに沿って，問題行動の定義，連鎖分析，仮説の生成へと行動分析を進めていく。とくにここで注目したいのは，連鎖（チェーン）分析の詳細さである。表10の記述に沿ってみてみると，以下のような手順が含まれることになる。

① 分析のための問題行動の一例を選択する
② 情動・身体感覚・外顕的行動・環境要因を含む観点から，その連鎖の始まり（先行子），中間（問題となる具体的行動それ自体），終わり（結果）を定義することに留意しながら，行動の小さな単位（連鎖の各環）に注意を向ける
③ セッション内行動について簡潔な連鎖分析を実施する
④ セラピストと患者の共同作業を維持する
⑤ 患者が行動をモニターする手助けをする

表10　行動分析戦略チェックリスト（文献1）

___セラピストは患者が問題行動を定義するのを援助する。
　___セラピストは患者が行動の観点から問題を定式化するのを援助する。
　___セラピストは以下の項目について，患者が問題行動を具体的に叙述するのを援助する。
　　___行動の頻度
　　___行動の持続期間
　　___行動の激しさ
　　___行動のトポグラフィー
　___セラピストはすべての戦略を通じて認証を織り交ぜる。
___セラピストは連鎖分析を実施する。
　___セラピストと患者は分析のための問題の一例を選択する。
　___セラピストは以下の観点から，連鎖の始まり（先行子），中間（問題となる例それ自体），そして終わり（結果）を定義することに注意を払いながら，行動の小さな単位（連鎖の各環）に注意を向ける。
　　___情動
　　___身体感覚
　　___顕在的行動
　　___環境要因
　___セラピストは必要に応じてセッション内での出来事の簡潔な連鎖分析を実施する。
　___セラピストは患者の（そして自分自身の）協力を維持する。
　___セラピストは患者がセッション間の行動をモニターするための手法を作り上げるのを援助する。
___セラピストは患者とともに今問われている行動に影響を与えるかコントロールしている変数についての仮説を作り出す。
　___セラピストは現在の分析を導くために以前の分析結果を利用する。
　___セラピストはDBT理論により導かれる。
■DBTに反する戦術
　___セラピストが患者と共謀して標的行動の行動分析を避ける。
　___セラピストが患者の行動についての自分の理論を証明するために，情報収集に過度にバイアスをかける。

　読者はここで取り上げられている問題行動が，具体的な個々の行動事例であり，第8章での用語を使えば，「モレキュラー行動」に近いものであることが理解できるであろう。なぜDBTではこのようなモレキュラー行動の行動分析が可能なのかというと，第9章，第10章で紹介したようなセルフモニタリングシートを活用しているのはもちろんであるが，以下でも説明するように，多様な治療モードを用意することによって，日常生活内の随伴性にア

クセスしやすくする工夫がなされていることが大きな理由になっている。

　そして，さまざまな具体的行動事例に対する連鎖分析を多数行っていったあとに，特定の行動パターン（行動クラス＝モル行動）に関係する分析結果を抽出して，よくみられる典型的な統制変数について，いくつかの仮説を作り出していく（仮説の生成）。

　仮説が作られうる関連変数としては，問題行動が起きる状況，問題行動につながりやすい他の行動（思考，感情，感覚，外顕的行動など），問題行動を維持しているであろう強化子，問題行動の有用性に関する信念と予想などが挙げられているが，DBTでは，先行子や問題行動を引き起こす変数として，強烈で嫌悪的な情動状態に強く注目している。ここで，この情動状態は，自傷行為などの衝動行為に対する弁別刺激として機能するか，確立操作（あるいは「操作」といえない場合は，セッティング事象と呼ぶ）として動機的要因の一つとなる（つまり，強い嫌悪的情動状態のもとでは，同じトポグラフィーの回避行動でも，その強化価が高まる）と考えられているわけである。

　以上のように行動分析が進められた次には，非適応的行動に代わる適応的行動パターンを作り出し，行動の変化を起こさせる計画を立てるための解決法分析を行うことになる。DBTでは，ここでもかなり具体的に，目標・要求・希望を同定する，解決法を作り出す，解決法を評価する，実践する解決法を選択する，解決法のトラブルシューティング，という段階を置いて説明している。これは，A・M・ネズらの問題解決療法[2]と同様な手順を含んでいると考えることもできるが，第8章（109頁）にABCDE分析とそれに基づく介入ポイントを説明したこととも重なる内容である。

　それはとくに解決法の評価と選択の段階に関してであるが，たとえば選択の基準に関しては，短期的な価値よりも長期的な価値に特別な注意を払い，その解決法がもつ患者の望みや目標を満たす効果（客観的有効性），患者との対人関係を維持し強める効果（対人的有効性），患者の自分自身に対する尊重を維持し強める効果（自己尊重の有効性）に注目すべきことが指摘されており，この内容はABCDE分析においてDとEの関係として述べたことと

重なってくるだろう。

さらに、解決法の選択の段階で、DBTの介入手続きのいずれかが選択される場合も当然あり、その例として、スキルトレーニング、エクスポージャー、認知修正、随伴性マネジメントなどが挙げられている部分は、まさに行動分析の結果に基づいて技法を選択するという行動療法の手順そのものの説明になっている。

スキルトレーニング

DBTでは、コア・マインドフルネス・スキル、対人関係保持スキル、感情調節スキル、苦痛耐性スキルの4つのスキルを習得するためのグループ療法が、治療法全体の大きな柱になっており、専用のマニュアルも用意されている[3]。そして、週1回2～2.5時間で、6ヵ月間を1クールとして、すべての患者は最初の1年間（2クール）参加しなくてはならないとされている。そのため、DBTというと、このグループ療法を指すように思われることも多く、だから日本ではとても実施困難という論調になることもあるようである。

しかし、ここまで読んできた読者には、このスキルトレーニング自体の位置づけは個々の患者の行動分析の結果次第で異なってくることを理解してもらえると思う。そして、グループ療法というカタチに重点があるわけではないということもわかるのではないだろうか。実際にリネハンは、基本マニュアルにおいて、何らかの理由でグループに参加できない患者の場合、主セラピストが個人療法の中でスキルトレーニングまで扱うよりも、副セラピストが個人スキルトレーニングをするほうが実施しやすいと述べている[1]。つまり、メインになる個人療法と別立てでスキルトレーニングを行うことができればよいということであり、その形式は個人療法でもよいのである（ただ、日本で実施する場合、1人の患者に2人の治療者がつくことが現実的かどうかという問題は残るわけだが）。

それでは、なぜこれほどまでにスキルトレーニングが重視されているのかというと、それは、これまでに説明してきたように、DBTでは、BPD患者

表11 マインドフルネス・スキル（文献4）

1. **どんな存在を目指すか**
   賢明な心（Wise Mind）
2. **何を（what）実践するか**
   観察をする（observing），
   言葉にする（describing），
   自分の行為とひとつになる（participating）
3. **どう（how）実践するか**
   価値判断をせず（non-judgementally），
   今この瞬間に気づきを向け（one-mindfully），
   文脈に沿って効果的に（effectively）

の基本的病理を情動制御不全と捉えていることや，問題行動の弁別刺激や確立操作として強烈で嫌悪的な情動状態に注目しているという事情と関係している。つまり，BPD患者が衝動行為を繰り返す行動パターンから逃れるためには，弁別刺激や確立操作となる嫌悪的な情動に対処するスキル（マインドフルネス・スキル，苦痛耐性スキル，感情調節スキル）と，衝動行為の代替行動を繰り出すスキル（対人関係保持スキル，感情調節スキル）が不可欠ということである。したがって，個人療法とこのスキルトレーニング・グループが，まさにDBTの車の両輪とみなされているのである。

そして，4つのスキルの中でも，表11に示したマインドフルネス・スキルがとくに重視されることから，「コア（中核となる）」という言葉がつけられることもある。これが従来の認知行動療法にはなかった概念で，禅の原理とも直接つながったものであったことから，DBTにおけるスキルトレーニング・グループの存在がさらに注目されたのだと思われる。この点についても，禅の原理が認証戦略というかたちで個人療法の中でも等しく重視されていることは，読者にはすでに了解してもらえていると思う。

ここでのマインドフルネス・スキルとは，感情的な心と理性的な心を止揚する賢明な心を活性化することを目指して，観察をする，言葉にする，自分の行為とひとつになるという行動を，価値判断をせず，今この瞬間に気づきを向け，文脈に沿って効果的に実行することである，と規定されている。こ

れは，本書の中で扱ってきたマインドフルネスとほぼ同じ状態を意味していると思われるが，M・A・スウェールズらは，「言葉にする」という部分は，BPD患者がみずからの情動を制御していくうえでとくに重要であるため，従来のマインドフルネスよりも強調されているところが違いであると述べている。[4]

実際の治療の進め方

ここまでのところで，DBTを支える3つの治療原理の説明と，核となる治療戦略について説明してきた。そこで最後に，これらの治療原理と治療戦略が，実際の治療の中でどのように運用されているのか，つまり「誰が，いつ，何を，治療するのか」を説明しておきたいと思う。

多様な治療モードの活用

この点については，これまでに，個人療法とスキルトレーニング・グループ（場合によっては副セラピストによる個人療法）という治療モードが，DBTの車の両輪といえることを説明してきた。

しかしそれだけではなく，DBTでは，電話コンサルテーション，ケース・コンサルテーション・ミーティングが標準的に設定されている。電話コンサルテーションが患者にかかわる随伴性を，ケース・コンサルテーション・ミーティングが治療者にかかわる随伴性を提供し，それをある程度の範囲でマネジメントする手段にしていると説明すれば，これらの治療モードのおおまかな狙いは理解できるのではないだろうか。

電話コンサルテーションでは，日常場面でのスキル活用の般化を目的として，個人療法セラピストと電話で相談できる体制がとられている。それは，スキルトレーニング・グループの中と，不認証的な環境の中で患者のネガティブな感情が喚起されやすい日常場面とでは，さまざまな面で文脈が異なるため，自動的にスキルが使えるようにはならないと考えられているからであり，患者は衝動的行為に至る前に電話をするように指示される。これによっ

表12　コンサルテーション・チームに関する合意事項（文献1をもとに作成）

1. **弁証法に関する合意**
   絶対的な真理は存在せず，両極性が出現した場合には，真理ではなく総合の追求を課題にするというスタンスを受け容れる
2. **患者へのコンサルテーションに関する合意**
   個人療法セラピストは，患者と他のセラピストの間の調整役にはならず，患者に他のセラピストとの関わり方をコーチする
3. **一貫性に関する合意**
   チームメンバーの間で必ずしも一貫性が求められるわけではないということに合意する
4. **限界遵守に関する合意**
   すべてのセラピストが，自らの個人的および専門的な限界を超えないことに合意し，セラピスト間で限界の幅に差があることを受け容れる
5. **現象学的共感に関する合意**
   患者の行動に対して軽蔑的でない解釈，現象学的に共感的な解釈を追求することに合意する
6. **誤りに関する合意**
   すべてのセラピストは誤りを犯すものだと明確に合意し，すべての合意も必ず破られることにも合意する

て治療者は，患者がその時に置かれた文脈を考慮しながら，可能な範囲内で随伴性に影響を与え，日常場面でのスキルの活用を促していく。

　ただし，危機的になると治療者が相手をしてくれるという随伴性を提供しないために，徐々に，まずは自分でスキルを使ってみたあとに電話するようにシェイピング（段階的な行動形成）を行うことや，自殺類似行動を行ったあと24時間は電話対応しないと決めている施設もあるそうである[4]。

　ケース・コンサルテーション・ミーティングの目的は，セラピストを治療するためとされ，DBTにかかわるすべての治療者は毎週1回ミーティングに出ることになっている。BPD患者を相手に治療をするセラピストは，患者の激しい情動変化や不安定な対人関係の影響を受けて，往々にして一貫した治療方針を貫くことが難しくなる。たとえば，ある患者との治療をもう続けられないと思ったり，自分には治療者としての力がないと考えたりといったことである。そのため，患者にDBTを適用するのと同じように，チームメンバーはお互いにDBTの認証戦略と問題解決戦略を適用して，問題状況

が持続しないようにしていく。

さらに,チームメンバーは,お互いの相互作用の仕方に関して,弁証法に関する合意,患者へのコンサルテーションに関する合意,一貫性に関する合意,限界遵守に関する合意,現象学的共感に関する合意,誤りに関する合意の6つを守ることで,つねにチームの機能を高められるようにしていく(表12)。

治療ターゲットによる構造化

DBTは,主要な治療ターゲットに応じて,表13に示すように治療前段階と3つの段階に構造化されていると説明されている[1]。

まず,治療前段階では,「核となる治療戦略」の項でも述べたように,認証戦略を十分に使いながら,患者と治療者が,患者自身の人生に起こしたい変化を作り出すことに,ともに取り組むことを互いに了解し合うことと,治療の早期中断に影響しそうな患者の機能不全的な信念や期待の修正を試みることが目標になる。

次の第1段階は,最もDBTらしい段階であり,自傷行動,セラピー妨害行動,生活の質を損なう行動を,問題解決戦略を主に用いながら減少させるように働きかけ,さらにスキルトレーニングによって先に挙げた4つのスキルを身につけてもらうことが主要な目標になる。ただ,問題解決を進めながら治療を継続していくためには,弁証法の原理のもとで,認証戦略とのバランスをつねにとりながら進めることが必要であることはいうまでもない。この段階には通常1年間は必要であり,そこでいったん終結になるケースもある。

第2段階では,早期のトラウマを扱うことになるが,そこではエクスポージャーによる治療が行われることになる。これが第2段階になっているのは,トラウマである出来事への早すぎるエクスポージャーによって,極端に自殺念慮が高まったり,入院が必要になるほど不安定になったりすることが少なくないからであり,そうならないためには,第1段階の治療が十分に行われていることが必要だからである。仮に第1段階の間にトラウマのことを

表13　DBTの各段階の治療ターゲット（文献1をもとに作成）

治療前段階：セラピーの方向づけ，コミットメントを高める
　　セラピーを始めることの合意，アセスメント面接
第1段階：基本的能力を獲得する
　　自傷行動，セラピー妨害行動，主要な生活の質を損なう行動，行動的スキルの欠如
第2段階：外傷後ストレスを減少させる
　　早期のトラウマ（性的・身体的・情動的なトラウマ，ネグレクト）
第3段階：自尊心を高め，患者個々の目標を達成する
　　セラピストから独立して自己を尊重する能力の発達

扱うとしたら，それは外傷後ストレス反応が自殺類似行動に機能的に関連しているとアセスメントできる場合だけである。この段階は，その負担の大きさから，途中で中断したり，再開したり，長く時間がかかったりということも多いとされている。

　第3段階では，みずからを信頼する能力，みずからの意見や情動，行為を認証する能力を発達させることが目標になる。BPD患者は最初，治療者を信頼すること，治療者に助けを求めること，そして独立と依存の間の最適なバランスをとることについて大きな困難を抱えている。そこで，治療の初期段階では，患者がある特定の状況に対処することが難しい場合に，セラピストに援助を求めることが強化される（電話コンサルテーションなどで）。この段階では，その援助要請が，患者の環境における他者に，そして自分自身に向けられるようにしていくことが眼目になる。この時期にはセラピーの終結も目標になるため，セラピストへの信頼が自己や他者への信頼に移行することが必要になるのである。

効果研究の結果

　前章の「はじめに」（129頁）でも，DBTは，ランダム化比較試験（RCT）によって，BPDへの治療の有効性が示されたことで注目を集めたことは触れておいた。それをもう少しくわしくいうと，自殺類似行動を伴う成人女性のBPD患者に対しての効果ということになる。DBTの効果研究に関しては，M・A・スウェールズらのまとめ[4]とともに，永田による包括的なレ

ビュー[5]が発表されているため，それらを参照しながら，これまでどのような研究成果が報告されているのかを簡単にまとめてみたい。ここではまず，ほとんどのRCTの治療期間が1年間と，他の治療研究に比べると十分長期的なデザインになってはいるが，すべてが第1段階の治療の効果をみたものであると考えられることを指摘しておこう。

最初に行われたRCTは，リネハンらが，過去8週間以内に自傷，自殺未遂をした44例の女性BPD患者を対象に，DBTに22例，TAU（treatment as usual）に22例を無作為割り付けし，1年間にわたって治療をしたものであり，1991，1993，1994年に精神医学のトップジャーナル（Archives of General Psychiatry, American Journal of Psychiatry）に報告された。結果としては，DBTのほうが自傷行為の頻度とそれに伴う医学的な危険度，総入院日数，治療中断率，怒りの自己評価得点が低く，全般的な社会的役割機能が改善しており，1年後の追跡調査でもDBTのほうが全般的な機能が高かった。

さらに，リネハンらが2006年に報告したものでは，前記の研究におけるコントロール条件の不十分さを補うために，行動療法以外を専門とする地域のエキスパートによる治療（TBE）をコントロール群にしている。ここでも，過去8週間以内に自傷，自殺未遂をし，既往もある女性BPD患者を対象に，DBTに52例，TBEに51例を割り付けて，1年間の治療が行われた。その結果，自殺未遂，治療継続，精神科救急受診，入院などの点において，DBTがTBEよりも有意に優れていた。

これら以外にも3つのRCTが報告されているが，そのうち一番最近（2007年）報告されたJ・F・クラーキンらのものだけは，DBTの優位性が示されなかった[6]。この研究では，90名のBPD患者（女性83名，男性7名）が，DBT，転移に焦点づけした精神療法（TFP），力動的な支持的精神療法（DSP）の3つに割り付けられて，1年間の治療を受けた。その結果，3つの治療法とも，うつ，不安，全般的機能，社会適応では同等の改善を示し，自殺行動ではDBTとTFPがDSPよりも低下率が大きかったが，衝動性，易刺激性，言語的・身体的攻撃性では，TFPが有意に優れていた。この研究

について，スウェールズらは，他の4つの研究で用いられているDBTに対するアドヒアランス指標が用いられていないという限界点を指摘しているが，今後そのような限界点を踏まえたうえで，さらに検討を深める必要はありそうである。

　ちなみに，行動分析学の立場では，これまでにも繰り返し述べてきたように，機能分析で個別にアセスメントを行った結果に基づいて介入を行うため，その効果の検討も少数事例実験計画法（シングルケース研究法）で行うことが推奨されている。つまり，グループの平均を求めてしまうと，ケースごとの個別性が失われてしまうからである。しかし，その裏返しとして，多数例を対象にしたRCTでは，多くのケースで認められる効果に限定すれば，その普遍性を示しやすいともいえ，DBTでその治療法確立の初期からRCTを採用したことにも，弁証法の原理に基づく判断があったのかもしれない。

まとめ

　2章にわたってDBTの解説をしてきたが，最後にもう一度，新世代の認知／行動療法や臨床行動分析といった観点からみたDBTの位置づけを述べて，まとめにしてみたい。

　まず，新世代の認知／行動療法に共通する特徴であった認知の機能の重視と，マインドフルネスとアクセプタンスという介入要素の導入という点は，禅の原理を徹底的行動主義と同等な意義をもつ治療原理と位置づけることで，根本的受容（徹底的アクセプタンス）とコア・マインドフルネス・スキルが基本的な介入要素になるというかたちで実現していた。ただそれは，これまで解説してきたMBSR／MBCT（マインドフルネスストレス低減法／マインドフルネス認知療法），MCT（メタ認知療法），BA（行動活性化療法）などのように，認知の内容ではなく機能に注目したためではなく，BPD患者との治療関係を築くための必要性に迫られてのことであった。

　これまでみてきたように，徹底的行動主義では，認知や感情も行動とみな

しているため，その機能を扱うのは当然であり，そのため改めて強調されなかったという面もあると思われる。その一方で，認知を修正するための技法として認知再構成法が用いられていることからも，認知の機能という点はあまり自覚的に取り上げられていないようである。しかし，禅の原理に基づく認証戦略が積極的に用いられる結果，認知や感情の問題は"変えなくてはならないもの"から"いったんはそのままにしておいてよいもの"へと機能を変えていることは間違いないだろう。

次に，臨床行動分析という観点からも，認知や感情の機能が「結果的に」実に上手に扱われるようになったことは，その特徴といってよいだろう。それは，徹底的行動主義に禅の原理を加え，それを弁証法の原理で止揚させる仕組みを作ったことによって可能になったのである。一方，リネハンがこのスタンスを「弁証法は私のラジカル行動主義，これもシステミックな性質を持っていますので，これと相入れる性質を持っています」[8]と指摘していることは興味深い。

つまり，実は，DBTの開発と同じ時期に発展し始めていた言語や認知に対する現代の行動分析理論（刺激等価性や関係フレーム理論）によって，その後，徹底的行動主義に基づく臨床行動分析の枠内で，DBTで実現されたものと同様な機能をもつ介入のシステムを構築することが可能になっていったのである。

また，行動分析の進め方にしても，本章で説明したように，DBTではあくまでもモレキュラー行動の分析と，随伴性マネジメントをいかに工夫して行うかという点が強調されていたが，第9章で説明したとおり，現在の臨床行動分析では，言語行動に適切にアプローチすることで，モル行動（行動クラス）への注目のシフトと，随伴性への間接的な介入の効果をあげる工夫が行われるようになっている。

本書の最後で取り上げるACT（アクセプタンス＆コミットメント・セラピー）は，まさにそのような現代の行動分析理論が規定する，レスポンデント条件づけ，オペラント条件づけ，関係フレームづけという3つの学習原理を基盤にして成立している治療法である。そのなかでは，リネハンが弁証法

を取り込むことによって実現した受容（アクセプタンス）と変化（コミットメント）のバランスを，徹底的行動主義の現代的枠組み（機能的文脈主義）の中で統一的に扱うことが可能になっていると考えられる。そのような意味で，次章以降のACTの解説では，ここまでのDBTの解説と対比させながら理解を深めてもらえればと思っている。

〔文　献〕

1）M・M・リネハン（大野裕監訳）『境界性パーソナリティ障害の弁証法的行動療法—DBTによるBPDの治療』誠信書房，2007年

2）アーサー・M・ネズ，クリスティン・M・ネズ，エリザベス・R・ロンバルド（伊藤絵美監訳）『認知行動療法における事例定式化と治療デザインの作成—問題解決アプローチ』星和書店，2008年

3）M・M・リネハン（小野和哉監訳）『弁証法的行動療法実践マニュアル—境界性パーソナリティ障害への新しいアプローチ』金剛出版，2007年

4）Swales, M.A., Heard, H.L.: *Dialectical behaviour therapy: distinctive features.* Routledge, 2008.

5）永田利彦「弁証法的行動療法（DBT）の登場とその衝撃—日本での実践への壁」『こころのりんしょうà・la・carte』26巻4号（遊佐安一郎編，特集：DBT＝弁証法的行動療法を学ぶ），572-583頁，2007年

6）Clarkin, J.F., Levy, K.N., Lenzenweger, M.F. et al.: Evaluating three treatments for borderline personality disorder: a multiwave study. *American Journal of Psychiatry* 164: 922-928, 2007.

7）Johnston, J.M., Pennypacker, H.S.: *Strategies and tactics of behavioral research. 3rd ed.* Routledge, 2009.

8）遊佐安一郎「『弁証法的行動療法』創始者，Marsha Linehan, Ph.D.を訪ねて（その1～3）」『こころのりんしょうà・la・carte』26巻4号（遊佐安一郎編，特集：DBT＝弁証法的行動療法を学ぶ），630-648頁，2007年

第12章
関係フレーム理論入門
―― 2つの言語行動の定義からみえてくるもの

はじめに

　本書もいよいよ最終コーナーを迎え，本章と次章で，言語や認知に対する現代の行動分析理論と，それを含めた臨床行動分析に基づく治療体系であるACT（アクセプタンス＆コミットメント・セラピー）を解説して完結としたい。

　まず本章では，言語や認知に関する行動分析理論について，スキナーによる言語行動と関係フレーム理論（Relational Frame Theory：RFT）による言語行動を対比して理解することで，行動の予測と制御という行動分析学の目標に関して，どのような新たな地平がみえてくるのかを説明していきたいと思う。

　RFTによる言語行動の理解は，前章までで解説してきたBA（行動活性化療法）やDBT（弁証法的行動療法）の変化の戦略などに加えて，DBTの受容の戦略に相当するアクセプタンスやマインドフルネスの機能に関する理論的基盤を提供することで，臨床行動分析という車のもう一つの車輪となるものである。したがって，本章の説明を通して，BAやDBTではあまり強調

されていないとしてきた，臨床行動分析の3つの特徴（第8章・102頁）のうち，①の後半に記述した「現代の言語や認知に対するアプローチの仕方に特別な注意を払いつつ」という内容が，具体的にどのようなことを意味するのかも明らかになるはずである。

　言語行動の行動分析理論について，従来，日本語である程度まとまって読めるものとしては，杉山・島宗・佐藤・マロット・マロットの『行動分析学入門』[1]の第21章や，浅野・山本編『ことばと行動』[2]（絶版）くらいしかなく，いずれもRFTについてはほとんど取り上げられていなかった。

　一方で，2001年に出版されたRFTのモノグラフであるヘイズらの*Relational frame theory*[3]は，先進的かつ意欲的な内容に満ちたものであるが，分析・抽出的な理論（対象としている行動――ここでは後述する「派生的刺激関係」――を予測し影響を与えるために役立つ行動的原理を系統的に整理したもの）としてRFTを規定し，「実際に実験的に検討された知見ばかりではなく，機能的でありさえすれば思弁的なものでも」[4]一緒に記述するスタイルは，非英語圏の初学者にとって理解が容易なものとはいえなかった。

　それが，過去5年の間に，武藤が中心になり，臨床行動分析やACTを精力的に紹介するなかで，臨床への具体的な適用も視野に入れたRFTの解説書が読めるようになってきた。

　そこで本章では，前記の3冊と，武藤編『アクセプタンス＆コミットメント・セラピーの文脈』[4]（絶版，改訂新版の『ACTハンドブック』[5]が2011年9月に出版された），ランメロとトールネケによる『臨床行動分析のABC』[6]，自閉症をはじめとした発達障害児に対する介入プロトコールを含んだレーフェルツらの*Derived relational responding*[7]を適宜参照しつつ，RFTの理論と臨床への応用可能性がたいへんよくまとめられているトールネケによる*Learning RFT*[8]に準拠しながら，解説を進めることにしたい。

スキナーによる言語の行動分析

　言語行動を扱う場合には，話し手としての行動の特徴と，聞き手としての行動の特徴に分けて考えるとわかりやすく，言語が聞き手に対してもつ機能を強調する概念がルール支配行動であることは，第8章（104頁）で説明した。しかし実は，スキナーは，「言語行動」の概念を話し手に限定している。つまり，言語的に行動するのは話し手のみということになる。

スキナーによる言語行動
スキナーによる言語行動は次のように定義される[9)10)]。

　同じ言語共同体に属する他の成員のオペラント行動を介した強化によって形成・維持されているオペラント行動。そして，他の成員による強化をもたらすオペラント行動は，その言語共同体特有の行動随伴性のもとでオペラント条件づけされたものである。

　つまり，発話者自身の行為の直接的結果としてではなくて，他の人の振る舞い方によって間接的に強化される行動ということになる。そしてこのことは，自分が欲しいと思うものを取り寄せるために，自分が物理的に行動することなしに受け取ることを可能にする機能を言語行動に与えることになる。
　スキナーは，その行動がとるトポグラフィー（形態と特質）と，行動随伴性（先行事象および結果との関係）で，言語行動を以下のような基本的なタイプに分類した。
・マンド
・タクト
・エコーイック
・イントラバーバル
・オートクリティック

最初のものは，先に示した「自分で物理的に行動することなしに受け取ることを可能にする機能」をもつ言語行動であり，マンドと呼ばれる。それは，特定の強化子によってコントロールされ，その同じ強化子を指定するような言語行動とされる（例：「お水ちょうだい」）が，その典型的な先行事象（A）は聞き手の存在（弁別刺激）と，結果を話し手にとって好ましいものにするような確立操作（前記の例であれば，喉の渇き）である。次は，観察・報告行動に関係が深く，先行する刺激によって支配される言語行動とされるタクトである。ここでは，先行刺激そのものがタクトされる対象になり，ほめる，関心を向けるなどの社会的な般性強化子が後続するのが通例である。

　次に，エコーイックとは，先行事象が他者の音声言語刺激であって，反応がそれと同じトポグラフィーをしている（つまり，オウム返しする）言語行動を指す。ここでも典型的な強化子は，社会的な般性強化子である。そして，同様に何らかのかたちで先行事象の繰り返しであるような反応を含むものとして，読字行動，書き取り，書き写しも挙げられている。イントラバーバルは，エコーイックなどと対照的に，先行事象と反応との間にカタチのうえでの対応関係が何もない言語行動であり（例：「いち，に……」と言われて，「さん」と答える），連想や知識といわれるものに相当する。最後に，オートクリティックであるが，これは，言語行動またはその一部で，話し手自身による別の言語行動に支配されていて，その別の言語行動を変容するものである（例：「新聞かもしれない」の「かもしれない」）。

　以上のように言語行動を機能から分類できるという事実が意味しているのはどのようなことだろうか。それは，同じ「水」という言語行動であっても，マンドとして，タクトとして，エコーイックとして，イントラバーバルとして……「水」という言語行動は，それぞれに行動随伴性が異なっている，つまりそれらは同じ言語行動ではなく，異なる言語行動であるということである。そして，そのことからは，マンドとして「水」と言える人が，タクトとして「水」と言えるとは限らないということや，同じくマンドとして「水」と言える人が，誰かに「水」とマンドされてその人に水をあげること

（この行動は，スキナーのいう言語行動ではない）ができるとも限らないことになる。そして，この理解を押し進めていくと，「単語あるいは文自体に意味があるわけではない」「単語あるいは文の意味は，その単語あるいは文を産み出した言語行動とその制御変数である行動随伴性を知ることなしには決定できない」という「常識からは受け入れがたい事実」がみえてくることになるのである[9]。

言語行動と意識

スキナーの言語行動の定義から出発すると，もう一つ，私的出来事に関する非常に重要な事実が説明できることになる。それは，私的出来事としての意識や認知と呼ばれるものも，行動そのものであり，公的出来事としての行動とまったく同一の原理に従っているということ，つまり，意識や認知は公的出来事としての行動の原因にはならないということである。それは，いわゆる意識を行動分析学がどう捉えるかを理解することによって明らかになる。

佐藤は，行動分析学の見地からは，意識といわれるものは「私的出来事としての言語行動（＝内言）」であるとしており，苧阪による覚醒（生物的意識），アウェアネス（知覚・運動的意識），リカーシブな意識（自己意識）という3つの意識の分類を引用しながら，それを言語行動と対応させて説明している[9]。

覚醒とは，目覚めた状態を意味しており，覚醒水準に応じてオペラント行動全体の活動水準が変化したり，覚醒水準が確立操作として機能したりするが，これには私的出来事としての側面は含まれない。

アウェアネスは，刺激を受け入れている状態あるいは運動している状態，何かに気づくという働きを含むとされているが，ここで以下のように，とても興味深い説明がなされている[9]。

　　気づくというのは，報告言語行動（タクト）という言語行動が自発されるということである。この報告言語行動（タクト）が内言化したものであ

れば，私的出来事である。ヒト以外の動物は，この意味での意識はもっていない。しかし，刺激を受け入れている状態というのは，刺激が何らかの行動を制御する作用をおよぼしているということであるとすれば，ヒト以外の動物にも，この意味での意識はあることになる。

このくだりは，マインドフルネスとの関連を考えるうえでも興味深く，刺激に反応するだけでなく，それをタクトすることが「気づき」ということであり，したがって，気づきは言語行動であるということになる。

最後に，リカーシブな意識とは，対象が自分の意識そのものである場合とされるが，「行動分析学の立場からは，自己の経験を記述する報告言語行動（タクト）としての言語行動で，内言化した場合は私的出来事である」「リカーシブな意識，すなわち自己意識のみが言語行動を有するヒトに特有のものと考えられる」としている。このリカーシブな意識は，これまでに説明してきたメタ認知の働きと同様なものを含んでおり，やはりマインドフルネスとの関連からも興味深い。

ところで，リカーシブな意識とは，自分の経験を記述するタクトであり，私的出来事に関するタクトである。しかし，私的出来事とは当事者にとってのみの出来事であるから，同じ言語共同体に属する他者が適切な強化によってそれをタクトできるようにすることは不可能なように感じられる。したがって，この点を説明できなければ，意識を「自己の経験に関するタクトである」と規定することもできなくなってしまう。そこで，佐藤は，どのようにしてそのような強化が可能になるのかを，スキナーを引用しながら次のように説明している。

①私的刺激と同時に公的刺激が存在する場合（例：歯の苦痛と同時に，虫歯や歯茎の腫れがある）

②私的刺激と同時に顕在的反応が存在する場合（例：胸の苦痛と同時に，胸を掻きむしる反応がある）

③すでにタクトすることを習得している公的出来事と共通の特性を有する私的出来事に対して，刺激般化としてのタクトが自発される場合（例：

「心が弾む」「胸が張り裂ける思い」）

④顕在的反応を手がかりとした他者による強化によって習得したタクトが，その反応が非顕在的反応になったとしても，私的刺激として機能する限りにおいて自発される場合（例：赤面という顕在的反応を手がかりとした他者からの強化によって習得した「恥ずかしい」というタクトが，他者からはわからないくらい赤面が微細化しても自発される）

最後に，たとえば，「手を上げよう」という私的出来事が生じると手を上げることができるのは，私的出来事が行動の原因になっているのではないかという意見に対して，佐藤は次のように答えている。

内言化した言語行動として「手を上げよう」と言うことは，自分に「手を上げろ！」とマンドすることであって，これによって手が上がるのは言語刺激による刺激性制御である。そして，「手を上げよう」という内言としての言語行動の原因になった制御変数は公的環境内に求めることができるため，手が上がった真の原因は私的出来事ではない。そしてこのことから，以前も説明したことがあったように，「徹底的行動主義の立場に立つ行動分析学は，われわれがいわゆる『自由意志』をもっているという考えは全くの幻想であることを明らかにしている」[9]と結んでいる。

ちなみに，この項で述べてきた，「意識は私的出来事のタクトである」「行動は自分にマンドすることによる刺激性制御である」「内言としての言語行動の制御変数は公的環境内に求められる」「われわれが自由意志をもっているという考えは幻想である」という立場は，マインドフルネスを説明した第3章（44頁）で述べた「無我」の視点に非常に近いものであるといえるだろう。

関係フレーム理論による言語行動

前項で述べた機能面からの言語行動の分類，そして「単語あるいは文自体に意味があるわけではない」という認識は，知的障害者の言語訓練の進め方などに対して大きな示唆を与えるものである。しかしその一方で，言葉を普

通に使っているわれわれには，通常「水」という単語のみを聞いただけで，それが何を意味しているか，すなわち，単語の指示対象が何であるかがわかるという厳然たる経験的事実がある。そして，このような「象徴性」と表現できるような言語の特質がどうして生じるのかに関しては，逆に，スキナーによる言語行動の定義からは説明できない。また，幼児期の言語発達の速度が，言葉を使い始めると加速度的に大きくなっていく「生成性」と表現できるような言語の特質も，一つひとつの言葉をオペラント条件づけで学習していくとする前提では（たとえ刺激般化が働くとしても）説明できないように思われる。

さらには，タクトやマンドという言語行動の視点から，マインドフルネスの「無我」に通じるような意識観，人間観が得られた意義はとても大きいと思われるが，こちらに関しても，それでもわれわれは，連続した自己の感覚をもっているし，自分の意志で行動しているように思えるという経験的事実がある。このことについても，前記の言語行動の定義からは説明できない。

以上のような点を，刺激等価性や関係フレーム理論に基づく新たな言語行動の定義がどのように解決していくかが，本章の後半のテーマである。

刺激等価性

山本[11]によれば，言語機能，認知機能の発生を考える場合には，2つ以上の刺激間の「関係」による制御を分析する必要がある。言語機能の場合は，「対象」と「記号」との間の関係の成立がその発生の基礎をなすと考えられるが，この両者の間には，物理的類似性は存在せず，その関係は恣意的なものである。このような刺激間の恣意的関係がどのように成立するかについて，従来の学習理論では，［刺激―反応］間の連合によって生ずると説明されていた。たとえば，いくつかの刺激に対して共通の命名反応を形成することで，その反応が媒介となり，共通の刺激クラスが形成されることで，それらの刺激間関係が形成されるということである。

しかし，1970年代になると，このような［刺激―反応］関係がない場合でも，刺激間の操作だけで，［刺激―刺激］関係が成立することが報告される

ようになった。そして，それを定式化したものが刺激等価性である。

　刺激間の関係による制御は，見本合わせ訓練と呼ばれる条件性弁別（conditional discrimination）の手続きによって形成される。たとえば，1つの刺激セット（Ａセット）の中から1つの刺激（Ａ１）が見本刺激として呈示され，別の刺激セット（ＢセットおよびＣセット）から2つ以上の刺激（Ｂ１，Ｂ２およびＣ１，Ｃ２）が比較刺激として呈示される。被験者は，そのうち見本刺激に対応する刺激（この場合は，Ｂ１およびＣ１）を選択することで強化を受ける。同様に，Ａ２に対してＢ２およびＣ２を選択する訓練なども行われる。このような訓練によって学習が完成すると，直接学習していない関係（派生的関係）が自動的に成立することが確認されたのである。

　図18は，「ネコの写真」に対して，「ネコ」というカタカナを選ぶ訓練をし，「ネコ」というカタカナに対して「猫」という漢字を選ぶ訓練をした場合（比較刺激としては，たとえば「イヌ」「犬」などを使う）である。またさらに，「ネコの写真」に対して「ネコの写真」（同じ刺激セットの中には

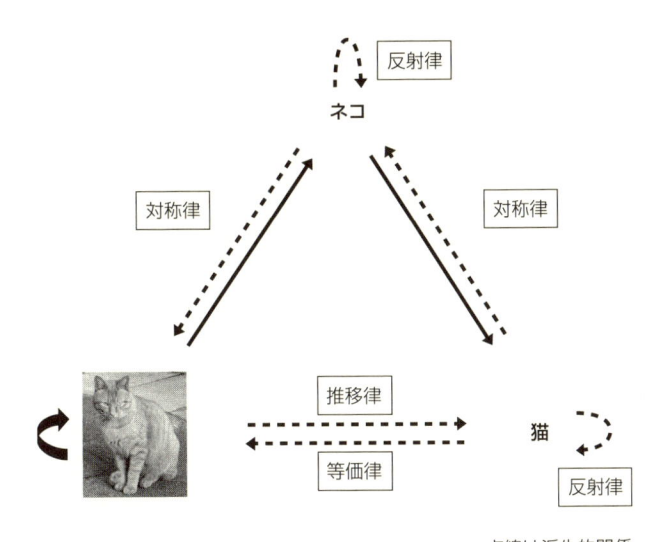

＊点線は派生的関係

図18　刺激等価性とその必要条件

「イヌの写真」などがある）を選ぶ訓練もしているとする。そうすると結果的に，3つの関係を学習しただけで，言葉が普通に使える被験者の場合には，点線で示した6つの派生的関係が自動的に成立することになるのである。

シドマンとテイルビー[12]は，これらの派生的関係について図に示したような定式化を行った。すなわち，［AならばA］という関係が同一見本合わせ訓練で成立したあと，［BならばB］［CならばC］という関係が派生する場合，反射律（reflexivity）が成立したという。［AならばB］という関係を訓練したあと，［BならばA］という関係が派生した場合，対称律（symmetry）が成立したという。［AならばB］および［BならばC］という2つの関係を訓練したあと，［AならばC］という関係が派生した場合，推移律（transitivity）が成立したという。そして，シドマンは，この3つの条件が成立した場合の［刺激―刺激］関係を，「刺激等価性（stimulus equivalence）」と定義したのである（後年さらに，［AならばB］および［BならばC］という2つの関係を訓練したあと，［CならばA］という関係が派生した場合を等価律〔equivalence〕が成立したとして，それも刺激等価性の必要条件に加えた）。

読者の皆さんは，ここで，「それで？」と思うかもしれない。「スキナーの言語行動の定義で説明できない経験的事実について，どう解決していくかという話だったはずだが……」と。そこでもう一度，何が問題であったかに戻ってみると，ここで説明した対称律によって「象徴性」が，多くの派生的関係の成立によって「生成性」が説明できる可能性に気づかれるのではないだろうか。つまり，物に名前をつけると，対称律によって，その名前を見ただけ聞いただけで，実物が頭に浮かぶようになるのである（これがACTでいう認知的フュージョンが成立する基礎的過程であり，「言葉と対象の双方向性」といわれる）。また，3つの刺激間の関係性においてでさえ，3つだけの関係の学習で新たに6つの派生的関係が自動的に成立するのであるから，刺激の数が増えればそこで成立する派生的関係は幾何級数的に増していくであろうことも理解できるだろう。

多数の範例による訓練

さて，それでは，前節で説明した刺激等価性が成立することは，そんなに特別なことなのだろうか。実は，ヒト以外の動物において，それが天才チンパンジーであっても，対称律が確認されたことはないのである[13]。これが何を意味するかというと，ヒトは現実の世界の他に，言葉を使うたびにそれに対応する実物が頭に浮かんでくるようなバーチャルな世界にも生きているのであるが（たとえば，小説を読み始めた数分後に，自分がどこにいるかを考えてみるとよい），ヒト以外の動物は現実の世界のみに生きているという驚くべき事実である。

そうなると，その次に答えなくてはならないのは，刺激等価性を成立させる能力は何に由来するのかということである。これに関して行動分析学には，ヒトだけが生まれつき他の動物にはない等価関係を成立させる能力をもっているとするシドマンらの立場と，刺激等価性を成立させる能力自体もオペラント学習によって身につくとするヘイズらの立場の両者がある[14]。そして，もともとは刺激等価性の成立しないチンパンジーに対して，ある種のオペラント学習を繰り返すことによって刺激等価性が成立することを示した山本らの研究成果[15]は，おおむね後者を支持するものであった（ただし，ヒトに比較して対称性と等価性の成立が非常に難しかったことは，前者をも部分的に支持するものであった）。

それでは，どのようなオペラント学習がここで関与しているのかというと，それは，「多数の範例による訓練（multiple exemplar training）」によって成立する般化オペラントの学習ということになる。般化オペラントというのは，同じ機能をもつ反応クラス自体が学習される際に使われる用語であり，行動分析学で以前から取り上げられてきた例に，ものまねをするという行動パターン自体を覚える般化模倣という学習がある（いったんものまねをするという般化オペラントが学習されると，一度も真似たことがない動作や表情でも真似をすることができるようになる）。

たとえば，対称律の場合であれば，子どもに物の名前を教える際にどうしているかを考えてみるとよいだろう。「これは，ネコっていうんだよ，言っ

てごらん」「すごいすごい，ネコ，言えたね」「これは，イヌっていうんだよ，言ってごらん」……「それじゃ，これは何だっけ？」「そうそう，ネコだよね，すごいね，もう覚えちゃったね」……「それじゃ，イヌはどれかな？（ここで学習の方向が逆転していることに注意）」「そう，それだよね，すごいねー」という具合になる。つまり，まずは物の名前を言えるようにして，それができたら次は名前から物を当てさせる，それを何度も繰り返していくことによって，物と名前を双方向性に関係づけるという行動パターン自体を学んでいくというわけである。

そして，ここで，刺激等価性のもう一つ重要な性質である「刺激機能の転移」という現象も理解できることになる。たとえば，ある子どもが，実物の猫を「ネコ」というのだと初めて覚えたとすると，それまでは何の意味ももっていなかった「ネ・コ」という2つの音が，実物の猫がもっている機能をもつことになる。これは，猫を「ネコ」と呼ばずに，たとえば「テリ」と呼ぶことにしても同じことが起こる。つまり，刺激等価性の成立それ自体によって，ある刺激から別の刺激にその機能が転移するということが起こる，だから，言葉と対象の双方向性も生じるのである。このことを，武藤は，刺激等価性クラスが「意味」の基盤となっていると表現している。[5]

関係フレーム理論への展開

刺激等価性では，等価的な関係のみが対象になっていたが，刺激同士の関係には，それ以外にも，比較，反対，階層，因果，空間の位置関係，時間の前後関係，自分や他者の視点と空間や時間の関係などさまざまなものがある。RFTでは，このような多様な関係間にも，刺激等価性の場合に対応するような派生的関係の成立や，刺激機能の変換が認められ，それぞれに関係づける般化オペラントが幼少時の「多数の範例による訓練」によって学習されると定式化をしている。そして，この般化オペラントとしての関係反応は，関係フレームづけと呼ばれている。

以上を比較に関する実例で示したのが図19である。上の円が左下の円よりも大きければ，左下の円が上の円よりも小さいことがわかる。これは，刺激

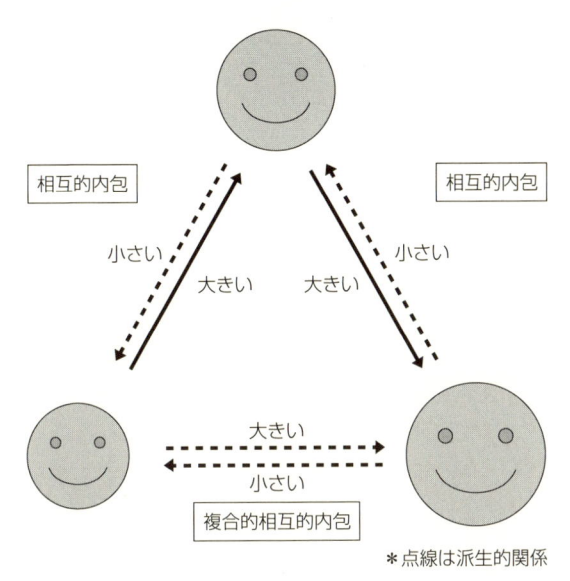

図19 「物理的な」大小関係を示す関係フレームづけ

等価性の対称律に相当する関係性で「相互的内包」と呼ぶ。それに加えて、右下の円が上の円よりも大きければ、右下の円は左下の円よりも大きいことがわかり、その逆に、左下の円は右下の円よりも小さいこともわかる。これは、刺激等価性の推移律と等価律に相当する関係性であり、「複合的相互的内包」と呼ばれる（ただし、複合的相互的内包に関しては、刺激等価性ほど確実な関係にはならないこともある。たとえば、この図19において、上の円よりも右下の円のほうが小さいとしたら、左下の円と右下の円の大小関係は確定できないことになる）。

さらには、刺激機能の転移と同様な現象（刺激機能の変換）も起こることが実験的にも確かめられている。たとえば、図19のように3つの刺激間の大小関係を学習させたあと、上の刺激を呈示した直後に軽い電気ショックを与え、レスポンデント条件づけの成立を皮膚電気反応で確認できたとする。そのあとに、右下の刺激を呈示したとすると、より大きな皮膚電気反応が認められる一方で、左下の刺激を呈示すると、より小さな皮膚電気反応が認めら

れるのである。

　ところで，われわれの日常生活でみられる関係性には，図19に示したような物理的な関係だけではなく，物と名前の関係のように恣意的な関係が多く含まれるはずである（むしろ，言葉で表現される関係性は「何とでもいえる」ため，基本的に恣意的な関係である）。そのような関係の実例を示したのが図20である。この例では，お金の価値の大小関係を示している。つまり，物理的には，一番大きいのは10円玉であるが，お金の価値としては50円玉のほうが大きい。そしてそれが「文化的に規定される恣意的関係」であることは，日本円を一度も見たことがない外国人にはこの3つの硬貨の価値の大小がわからないことを考えてみれば理解できるであろう。

　ただ，ここでもう一つ重要な事実として押さえておく必要があるのは，原理的には恣意的に適用できる関係であったとしても，実際にはそうなっていないという点である。つまり，われわれ日本に住んで円を使っている国民の立場では，「ここでは，1円硬貨が一番価値が高いことにしましょう」と誰

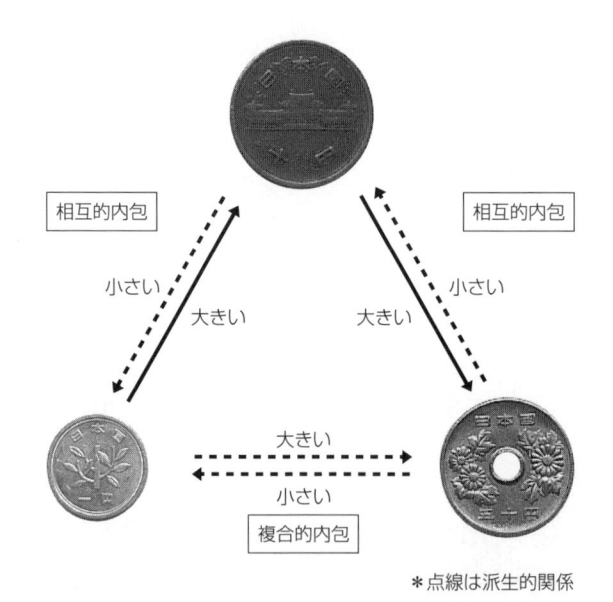

図20　文化的に規定される「恣意的な」大小関係を示す関係フレームづけ

かが宣言したとしても従うことはない。これはやはり，この関係性が文化的に規定されているという事実に由来している特徴である。そしてこの特徴から，関係フレームづけは，恣意的に適用「可能」な関係反応（arbitrarily applicable relational responding：AARR）と呼ばれるのである。このように，われわれはさまざまな刺激を，言語共同体に規定されながら恣意的に関係フレームづけをして，それによって起こる刺激機能の変換を活用している。このことを，武藤は，関係フレームづけが「認知」の基盤となっていると表現している。

言語行動の新しい定義

トールネケは，RFTで言語行動を説明するためには以下の問いに答える必要があるとしている。

① 私たちが「言語行動」について語る時，それはどの類の行動を指しているのか

② 言語行動はどのようにして人間の行動全体と相互作用するのか

③ 言語行動を支配する要因は何か

そして，以下のように答えを展開している。

① 言語行動とは，刺激または出来事を特定の方法で関係づける行動である。直接的な訓練によって成立する関係に伴って付加的な関係が派生する。刺激をこのような方法で関係づける能力は，それ自体が学習された能力で，それはオペラント条件づけを通じて学習されたものである。

② 派生的関係反応が人間行動全体に対して及ぼす効果は，派生的刺激関係が確立された時に刺激機能が変容されるという事実（刺激機能の変換）の結果である。

ここまででRFTによる言語行動の定義が明らかになる。それは「出来事または刺激を，3つの基準（相互的内包，複合的相互的内包，刺激機能の変換）に従って，関係的にフレームづけること」である。

読者の皆さんは，「えっ？」という感じかもしれない。そう，今までの説明に何も加わるものはないのである。そして，それにもかかわらず，スキナ

ーの言語行動で説明できなかったさまざまな事柄が，このシンプルな定義によって説明可能になる。言葉がもっているように思われる「象徴性」「生成性」という性質を説明できる可能性があることは「刺激等価性」の項でも触れておいたが，等価関係だけでなく，それ以外のさまざまな関係も対象にすることによって，さらにその可能性が高まることは間違いない。

それから，スキナーの言語行動では話し手のみが対象にされたが，関係フレームづけは話し手と聞き手の双方によって行われる。そして，それを声に出さずに自分に向けて行った場合，その個人が話し手と聞き手の双方になり，聞き手が行う行動がルール支配行動になるのである。そして，これまでの行動分析理論では説明ができなかったルールが機能する理由もここで説明可能になる。それは前記の②の答えにあるとおり，ルールに含まれる派生的刺激関係によって刺激機能が変換されることによって，ルールが弁別刺激や確立操作としての機能を獲得することによるのである。

さらに，先に指摘しておいた自己の体験についても，RFTでは，他の関係と同じように「多数の範例による訓練」によって成立するとしている。この点については，RFTの臨床適用上大きな意義をもつので，次章，ACTの解説と絡めてさらに説明したい。

またその一方で，この新しい定義のもとでは，スキナーの定義によると言語行動であるとされたもので，言語行動ではないとされるものが出てくることも重要である。トールネケ[8]は，そのことを，子どもが「イヌ」とタクトする場合，以前に犬を見て「イヌ」と発語したことに随伴して直接的に強化を受けた結果のみによることもありうるという例で説明している。その場合には，「イヌはどれ？」と聞かれても，指さすことも，説明することもできないはずである。

最後に，トールネケの③の問いに関しては，以下のように答えられている。

この特別な関係づけの方法は，文脈的な手がかりで，そこで関係づけられる刺激の属性とは無関係に関係を特定するようなものによって支配されている。RFTでは，文脈的な手がかりで，ある時点で刺激間にどの関係が確立

されるかを支配するものはCrel（Cリアル）と表し，この関係に基づいてどの機能が選択されるかを支配するものはCfunc（Cファンク）と表す。

例としては，「太郎は次郎よりもテニスが上手である」という文章においては，「よりも○○である」がCrelで比較の関係を表し，「テニスが」がCfuncとしてどんな機能が比較対象として選択されているのかを表す。また，「僕はカッコいい馬鹿である」という場合は，「である」がCrelで等位の関係を表し，「カッコいい」がCfuncになっている。

つまり，関係フレームづけによって変換される刺激機能は，ある刺激がもつ機能のすべてではなく，その一部であり，それを指定するのがCfuncということになる。これについても，ACTで介入対象にするのがCrelではなくCfuncであるという点から，次章でさらに具体的に解説したいと思う。

まとめ

本章は，読者の皆さんにとっても，解説をする私にとっても，なかなかタフな内容になってしまった。

ただ，2つの言語行動の定義を比較しながら理解を進めたことで，行動分析が捉える言語行動の全体像がかなりよくみえてきた面もあるのではないだろうか。まずは，スキナーの定義によって，話し手の言語行動を機能的に捉えることは可能であり，その結果，「単語あるいは文自体に意味があるわけではない」という重要な事実に目を向けることができた。さらに，行動分析学的な意識の捉え方が，マインドフルネスの「無我」に近いということも理解してもらえたと思う。これらの理解は，われわれの日常生活での「通常の」体験を超えたものであるが，言語や意識の成り立ちを機能的に突き詰めていってたどり着く地点であるといってもよいかもしれない。それは，まだ言葉が生まれていない段階から，科学的に言葉の成り立ちを捉えようとする際に有用な視点といえるだろう。

しかし，スキナーの定義では，われわれが日常生活の中で体験している，言葉が意味をもっているという体験的事実や，自分が連続していて自分の意

志で行動しているように感じられること，そして自分の中にあるルールによって大きく影響を受けるということなどが，十分に説明できない。それを，関係フレームづけという新たな言語行動の定義を導入することによって説明できる可能性があることを理解してもらえたと思う。こちらの定義は，スキナーのものに比べると，言葉が生まれた瞬間からあとのことを扱っており，そういう意味では，より日常体験に近い言語行動の性質を捉えるのに適しているといってよいかもしれない。

　両者の以上のような違いは，スキナーの言語行動の定義が，大人のクライエントを対象にする臨床行動分析の中ではあまり使われず，RFTによる言語行動の定義がACTとともに広く使われるようになった事実と関係している可能性がある。次章，臨床行動分析に基づく代表的な臨床技法であるACTの解説を通して，RFTによる言語行動の定義の意義をさらに深く理解してもらえればと思っている。

〔文　献〕

1）杉山尚子，島宗理，佐藤方哉，リチャード・W・マロット，マリア・E・マロット『行動分析学入門』産業図書，1998年

2）浅野俊夫，山本淳一，日本行動分析学会編『ことばと行動―言語の基礎から臨床まで』ブレーン出版，2001年

3）Hayes, S.C., Barnes-Holmes, D., Roche, B.(eds): *Relational frame theory: a post-Skinnerian account of human language and cognition.* Kluwer Academic/Plenum Publishers, 2001.

4）武藤崇編著『アクセプタンス＆コミットメント・セラピーの文脈―臨床行動分析におけるマインドフルな展開』ブレーン出版，2006年

5）武藤崇編『ACT（アクセプタンス＆コミットメント・セラピー）ハンドブック―臨床行動分析によるマインドフルなアプローチ』星和書店，2011年

6）ユーナス・ランメロ，ニコラス・トールネケ（松見淳子監修，武藤崇，米山直樹監訳）『臨床行動分析のABC』日本評論社，2009年

7）Rehfeldt, R.A., Barnes-Holmes, Y.: *Derived relational responding: applications for learners with autism and other developmental disabilities.* New Harbinger Publications, 2009.

8）Törneke, N.: *Learning RFT: an introduction to relational frame theory and its clinical application.* Context Press, 2010.（山本淳一監修，武藤崇，熊野宏昭監訳『関係フ

レーム理論（RFT）をまなぶ』星和書店，2013年）

9）佐藤方哉「言語への行動分析学的アプローチ」浅野俊夫，山本淳一，日本行動分析学会編『ことばと行動―言語の基礎から臨床まで』3-22頁，ブレーン出版，2001年

10) Skinner, B.F.: *Verbal behavior.* p.viii, Copley Publishing Group, 1992. (Prentice-Hall, Inc., 1957)

11）山本淳一「刺激等価性―言語機能・認知機能の行動分析」『行動分析学研究』7巻1号，1-39頁，1992年

12) Sidman, M., Tailby, W.: Conditional discrimination vs. matching to sample: an expansion of the testing paradigm. *Journal of the Experimental Analysis of Behavior* 37: 5-22, 1982.

13) Dugdale, N., Lowe, C.F.: Testing for symmetry in the conditional discriminations of language-trained chimpanzees. *Journal of the Experimental Analysis of Behavior* 73: 5-22, 2000.

14）山本淳一「『対称性』の発達と支援―概念・実験・応用からの包括的展望」『認知科学』16巻1号，122-137頁，2009年

15) Yamamoto, J., Asano, T.: Stimulus equivalence in a chimpanzee (Pan troglodytes). *The Psychological Record* 45: 3-21, 1995.

第13章
アクセプタンス＆コミットメント・セラピー
――機能的文脈主義の中で認知と行動をシームレスに扱う

はじめに

　読者の皆さんと一緒に，新世代の認知／行動療法の世界のあちこちを旅してきたが，本章が最終章である。最初に，認知／行動療法の歴史的な発展の経緯とそのなかで明らかになってきた問題点のいくつかを紹介し，それに対する有望な解決策の一つとして新世代の認知／行動療法が誕生してきたと捉えるという私の立ち位置を示し，同行者を募るところから，この旅は始まった。

　そしてこれまで，認知の機能の重視と，マインドフルネスとアクセプタンスという介入要素の存在を，第三世代の認知／行動療法とみなすための必要条件と仮定したうえで，代表的な治療体系のそれぞれを実践する街へと至る道を一つひとつたどってきた。具体的には，前半は，認知／行動療法を学ぼうとする読者に対して必ずしも十分に紹介されてこなかったマインドフルネスそのものについて，初期仏教の伝統に基づきながら基礎と実践の両側面から解説したうえで，それを心身医学や認知療法の領域に忠実に導入したMBSR（マインドフルネスストレス低減法）やMBCT（マインドフルネス

認知療法）について紹介し，さらには，認知療法の基礎理論の発展に基づく展開を重視しながら隣接する地域に街を築いたMCT（メタ認知療法）について概説した。その後，後半では，まったく別の場所から出発した行動療法側からの発展について，臨床行動分析，BA（行動活性化療法），DBT（弁証法的行動療法），そして現代の行動分析学の言語行動理論であるRFT（関係フレーム理論）に至るまで，街々をめぐって旅を続けてきたのである。

本章で解説するACT（アクセプタンス＆コミットメント・セラピー）に関しては，わが国でも，武藤を中心として積極的に情報提供されてきた結果，比較的入門的な書籍から[1)2)3)]，臨床実践に役立つマニュアル的な本[4)5)6)]，そして基礎と応用のつながりに焦点化した本まで[7)8)]，かなり幅広く読むことが可能になりつつある。また，英語原著としても，1999年に初めて出版されたACTのマニュアル本の第2版が2011年に出版されるなど[9)]，次々に新たな情報が提供され続けている。関心がある読者は，ぜひ目的に応じた本を自分で手にとって読んでもらえればと思うが，本章ではとくに，臨床行動分析の発展の中にACTがどう位置づけられるのか，その際RFTの発展が何を可能にしたのかに焦点を当てて解説を進めてみたい。

そして，この旅の最後に，行動療法側からと認知療法側からの発展がどうマージして，新世代の認知／行動療法全体の世界が形作られつつあるのかという眺望を，皆さんと一緒に得ることができればと思っている。

行動活性化が進まない時

バッハとモランによるACTのケースフォーミュレーションを解説する『ACTを実践する[4)]』の中で，「ACTのケースの概念化で重要なことは，クライエントの外顕的な行動を変えることであって，内潜的な行動を変えることではない」と述べられているように，臨床行動分析の発展の中にあるACTの治療目標は，BAと同じく行動活性化を図ることである。それを前提とすれば，BAでは行動活性化がうまく進まない時に，それをさらに推進させる方法をACTがもっていると考えてみると，この両者の理解が深まることに

なる。

価値の明確化とコミットメント

　ここではまずBAの第9章（125頁）でも紹介した，カンターらが提唱した「行動活性化の段階的プログラム」での議論を振り返っておきたい[10]。このプログラムでは，まずはすべてのクライエントに単純活性化を実施するという段階からスタートして，それで効果が不十分であった場合に，詳細な機能分析で介入の焦点を決定するという手順を踏むことになっている。そして，機能分析の結果に応じて，刺激コントロール，スキルトレーニング，随伴性マネジメントなどを選択していくのであるが，「私的な結果の問題に対して」はマインドフルな気づきと価値に基づく活性化が選択されることになっており，これがマーテルらのBAと一番近い内容であるとされていた。

　しかし，実際には，マーテルらのBAのテキストでは「価値」という言葉を使った説明はなされておらず，そこでは，生活の文脈に徹底的に注目し，マインドフルネスと共通した「体験に注意を向ける」方法などによって，クライエントが強化される可能性が高い方向を見出し，それに沿った行動を実際に実行してみることで結果を確認していくという，臨床行動分析の原則に忠実に沿った方法をとっていた。そこに，「ACTにも影響を受けた」カンター[9]が，「マインドフルな気づきと価値に基づく活性化」という観点を持ち込むことによって論点の明確化を行ったのだが，そうだとすれば，ここで「マインドフルな気づきと価値に基づく明確化」をいかに実現するかが，BAの効果を大きく左右する可能性があるということになるだろう。

　価値づけとそれに基づくコミットメントは，アクセプタンスとともにACTの二大戦略の一つであるが，それは，言語行動が非言語行動に対してもつ促進効果に注目することと関係している。ACTにおける価値の定義は，「言語的に構築され，包括的で，望まれており，本人によって選ばれた人生の方向性」であるとされる[5]。それは，たとえば「後進を育てること」「新しい仕事に取り組むこと」などのように，ゴールではなく方向性，アウトカムではなくプロセス，気分ではなく行為とより深くかかわっている。ま

た，価値に沿って行為すること自体が強化をもたらす（行動内在性強化をもつ）ことや，価値を言語化することによって動機づけが高まる（言語的確立操作＝オーグメンタルと呼ばれるルールとして機能する）ことも特徴であり，これらの性質によって，仮に価値に沿った行動をする際に一時的に落ち込みや不安などが高まったとしても，それをアクセプトして行動活性化を進めていくことが可能になるのである。

したがって，ACTが提唱する価値のワークなどによって，価値づけの過程に意識的に取り組むことで，行動活性化をさらに進めやすくできる可能性がある。たとえば「お葬式のメタファー」では，次のように聞くことで，自分にとって大切な方向性や現実的な目標を本音で言葉にできるようにしていく。最初は，「もしあなたが今死んだとしたら，集まってくれた人たちはあなたのことを何と言うでしょう」と聞く。そして，次に，「今度はもう何十年か生きた後で亡くなるとします。そのお葬式で，あなたは，集まってくれたみんなに自分のことを何と言ってほしいと思いますか」と聞くようにするのである。さらには，人生の中で一般的に重要だと思われる10の領域を挙げて，そのそれぞれについて大切に思っている価値を言葉にしていくといったエクササイズも広く用いられている。[6]

FEARからFEEL，そしてACTへ

一方で，以上で述べたような価値づけとそれに基づくコミットメントがいつでも容易にできるかといえば，そう簡単ではないことも当然予想されることであり，その場合は，やはり行動活性化は進まないことになる。それがどのような場合かを想定してみると，頭でっかちになりすぎて最初の一歩を踏み出せなくなっているような時であり，カンターがその対抗策として述べているのが「マインドフルな気づき」である。

ACTの体系の中で，これらの点を実用的に解説しているのが，3つの頭字語であるFEAR，FEEL，ACTである（図21）。つまり，思考と現実とを混同する認知的フュージョン（F），評価（E），体験の回避（A），理由づけ（R）などの言語行動がさかんに実行されている時（頭でっかちになって

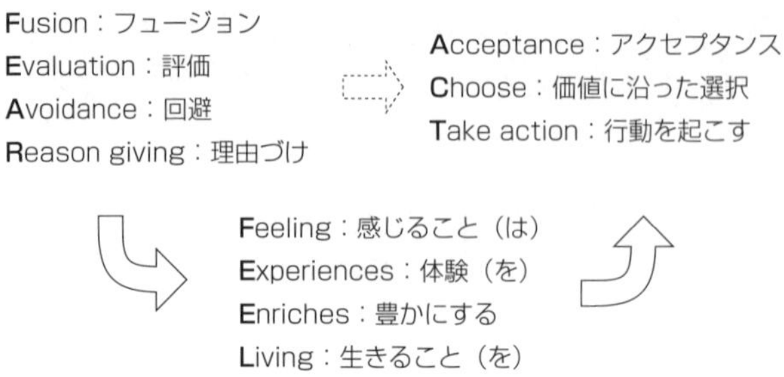

Fusion：フュージョン
Evaluation：評価
Avoidance：回避
Reason giving：理由づけ

Acceptance：アクセプタンス
Choose：価値に沿った選択
Take action：行動を起こす

Feeling：感じること（は）
Experiences：体験（を）
Enriches：豊かにする
Living：生きること（を）

図21 FEARからFEELを経てACTへ

いる時），必要な行動が出なくなるのであるが，それを，フュージョンが作り出す嫌悪的な私的出来事をアクセプトし（A），価値に沿って自分の進む道を選択し（C），行動を起こす（T）方向へと転換させるのが，ACTの狙いである。そして，それを具体的にどうやって実現するかに注目した際に，必要条件の一つとして浮かび上がってくるのがカンターの「マインドフルな気づき」に相当するアプローチ法であり，それがFEELという頭字語で表されている。

　FEELアプローチの内容は，「ACTを概念化する簡潔な方法として，FEAR（恐怖）をFEELする（感じる）のを目的にする，というものがある」という言葉や，「エクスポージャーの目的は，クライエントに『フィール・ベター(つまり，不安をあまり感じない）ではなく，フィール・ベター（つまり，感じることが上手になる）になる』のを学ばせることである」といった言葉からうかがうことができる。つまり，みずからの体験を回避せずに，それに十分に気づきを向けることによって，さまざまな生活の場面での行動レパートリーを拡大させることを目指すものである。

　しかし，ここでもう一つ説明されていないものとして，「マインドフルな」の部分が残る。それが具体的に何を意味するかを明らかにするためには，次に，ACTがマインドフルネスをどのように捉えているかを理解する必要がある。

ACTにおけるマインドフルネス

　フレッチャーとヘイズ[11]によれば，マインドフルネスを機能分析的に定義すると，言語ネットワーク（とくに時間的および評価的なもの）の優位性を崩す機能をもつ互いに関連した行動クラスの集まりであり，アクセプタンス，脱フュージョン，「今，この瞬間」との接触，文脈としての自己，という4つを含んでいるもの，ということになる。そして，この4つは，ACTにおける「アクセプタンスとマインドフルネスのプロセス」を構成している。
　一方で，前記の4つの行動クラスのうち，「今，この瞬間」との接触，文脈としての自己の2つは，価値の明確化，コミットされた行為とともに，ACTにおける「コミットメントと行動変化のプロセス」を構成している。そこでここでは，行動活性化とのかかわりから，まずはこの両プロセスに共通している2つについて扱い，次に残りの2つ（アクセプタンス，脱フュージョン）の内容と機能について説明してみたいと思う。

「今，この瞬間」との接触と視点取り

　「今，この瞬間」との接触は，先に述べた「気づき」と重なる行動クラスである。ACTの介入を構成する6つの行動クラスには，それぞれ，人間の苦しみや精神病理を引き起こす6つの行動クラスが対比させられているが，「今，この瞬間」との接触に対応するものは，過去と未来の優位・制限された自己知識である（他の5つは，体験の回避，認知的フュージョン，概念としての自己，価値との接触の欠如，行為の欠如，である）。
　この行動クラスは，マインドフルネスや禅で「無心」をどう実現するかということと関係している。無心になろうとして，何も考えないでおこうとすると，体験の回避に陥ってしまい，かえっていろいろなことが浮かんできてしまう。それではどうすればよいのかというと，実は，「今，この瞬間」に集中すればよいのである。その理由は，思考の題材は，過去のことをあれこれ思い出すか，未来のことをあれこれ想像するなかにしかないからである。

そして，自分に対する正しい知識は，頭の中で作り上げた物語（概念としての自己）からではなく，「今，この瞬間」における直接体験から得られるものであり，そのような直接体験や気づきを得る行動クラスが，プロセスとしての自己と名づけられている。この「自己」は，第12章の「スキナーによる言語行動」の項（159頁）で説明したように，「今，この瞬間」の出来事をタクトする言語行動に相当する。

　一方，文脈としての自己とは，観察者としての自己，視点としての自己などとも呼ばれるが，直接体験や気づきが生まれる「場」を作り出す行動クラスである。この「自己」の由来は，われわれが言葉を使えるようになってからずっと，多数の範例による訓練を続けるなかで身につけてきた「視点」であるとされる。われわれは，何かを感じたり，考えたり，行動したりする際に，いつでも「私が，今，ここで」という視点から行っており，それ以外の視点は想像することはできても，直接経験することはできない。そのような体験を無数に繰り返す結果，すべての体験に唯一共通するものとして，文脈を与え，観察をする視点のみが，般化オペラントとして学習されると考えるのである。そのような「自己」には，定義上，中味はなく，どこまでも広がり果てしがない。

　ここで述べた「プロセスとしての自己」と「文脈としての自己」は，気づきと偏りのない視点を与える行動クラスとして，マインドフルネスがもつ性質をかなりうまく表現している。このような状態が作り出せれば，価値の明確化もしやすくなり，行動活性化を進めることも容易になるであろう。それが，ACTの「コミットメントと行動変化のプロセス」が先に挙げた4つの行動クラスから構成されている理由である。

脱フュージョンとアクセプタンス

　それでは，「今，この瞬間」との接触と文脈としての自己をすぐに実現できるかと言えば，これも頭でっかちになっていると，なかなか難しいことが予想できるのではないだろうか。そこで，次に，先にFEARモデルでその概略について触れた「頭でっかち」の詳細について明らかにすることが必要

になる。

　頭でっかちとは，頭の中がいろいろな考えでいっぱいになっており，それによって非言語的行動が抑制されている状態を表現する日常語である。われわれが何かを考えると，第12章（166頁）で説明した「言葉と対象の双方向性」によって，その内容に対応する実物が頭に浮かんできて，思考と現実の区別がつかなくなる（認知的フュージョン）。そして，その思考が嫌悪状況を予想し，それに対する解決策を考えるようなものだとすると，現実よりは否定的な状況が予想されがちになり，体験の回避などの役に立たない解決策が採用される結果，容易に行動の抑制が生じることになってしまう。

　これを，前記の「視点」との関係で説明すると，「私が，今，ここで」という視点をとりながら，言葉が作り出すバーチャルな過去や未来（あの時），そして別の場所（あそこ）に連れ出されるという状況に陥ってしまい，「今，ここ」の現実との接触が失われてしまうことになる。そして，いったんそうなると，「私が，今，ここで」という視点から考えているということが，逆にそのバーチャルな世界から抜け出せなくするという逆説的な状況を作り出してしまう。それは，「私が，今，ここで」考え続けている時には，思考の透明な風船の中にどっぷり入って，その真ん中から外を見ているような状態になるからであり，その場合に，どこまでが「思考」で，どこからが「現実」なのかを判断することは容易でないからである。

　認知的フュージョンから抜け出すための方法を脱フュージョンと呼ぶが，それは「言語的刺激機能の変換をもたらす関係反応のプロセスを制御する字義通りという文脈の，主要で普遍的な特徴に取って代わる文脈的な手がかりの導入によって，ターゲットとされた言語的な刺激機能の変換が少なくとも一時的に抑制される行動プロセス」[12]とされる。つまり，通常，言葉が使われるのとはまったく違った文脈的な手がかり（Cfunc）を一時的に与えることによって，Crelを含む言葉のカタチは変えずに，機能（話し手に対してもつ意味）を変えることを実現する行動クラスとそれを用いた介入法のことである。ACTでは表14に載せたようなさまざまな方法が考案されているが，そのなかでもわかりやすいものは，二番目にあるワードリピーティングと呼ば

表14 脱フュージョンのための技法例（文献6をもとに作成）

- 「思考」に囚われずに，眺めるようにしてみる（マインドフルネス）。
- 「思考」を，音だけしか感じられないようになるまで，大きな声で何百回も繰り返し言ってみる。
- 「思考」に大きさ，形，色，スピード，様式，風合いを与え，外的な事物を観察するのと同じように扱ってみる。
- 自分のこころに，とても面白い「思考」を思いついてくれてありがとうと言う。
- 自分の認知的過程にラベルづけをしてみる（例：「私は完璧じゃないといけない」と考えた）。

表15 「流れに漂う葉っぱ」のエクササイズ（文献6をもとに作成）

- あなたはゆったりとした川の流れの傍らに腰を下ろして，葉っぱが流れていくのを眺めています。
- ここで，自分の考えや思いに意識を向けてください。
- 頭に思い浮かんだ考えや思いを，それぞれ1枚の葉っぱにのせて，流すようにしましょう。
- ここでの目的は，あなたが流れの傍らにいること，そして，葉っぱを流れ続けさせることです。
- もし，葉っぱが消えたり，意識がどこかよそにいったり，あなたが川に入ったり，葉っぱと一緒に流れていることに気づいたら，一度中断して，何が起こったのかを観察しましょう。
- そして，もう一度，流れの傍らに戻ってこころに浮かぶ考えを観察し，それらを1つずつ葉っぱにのせて，流れさせましょう。

れる方法であろう。たとえば，「レモン」と聞くと瞬時にレモンが浮かんでしまうが，「レモンレモンレモンレモンレモン……」と続けて大きな声で言う（普通はありえないCfuncを提供する）ことによって，実物が浮かぶという刺激機能は失われる（つまり，単なる「レ・モ・ン」という3つの音の連続に過ぎないと気づく）ことになる。

さらに，表15に載せた脱フュージョンの方法は，先ほど説明した認知的フュージョンと視点との関係を踏まえると，とても興味深い。つまり，「私が，今，ここで」考え続けることがフュージョンと対応しているので，「私が，あの時，あそこで」考えたという視点から，自分の思考を見るようにしてみよう，というわけである。[8]このエクササイズには，「思考から見ることと，思考を見ること」という副題がついており，思考の風船から外に出て，

距離を置いた地点から，それを「現実」と見比べることによって，両者の区別が可能になるという脱フュージョンの特徴を，とてもよく表現しているといえるだろう。

　脱フュージョンが可能になれば，これまで回避していた私的出来事もそのままにしておくこと（アクセプタンス）ができるようになる。そうすれば，これまで行動活性化を邪魔していた気の重さや不安などがあっても，それはそれとして必要な行動をとりやすくなるだろう。このことを，トールネケは，不快な私的出来事と望ましい行為の遂行が「反対の関係」に置かれていた状態（フュージョン）から抜け出して，両者を等位の（共存させることが可能な）関係に置くこと（アクセプタンス）が可能になる，といった言い方で表現している[8]。

関係フレームづけの基盤のうえに

　さて，以上でACTのひととおりの説明は終わりであるが，最後に，ACTがRFTを基盤にして臨床行動分析を拡張してきた結果，どんな視野が開けたのかについて，もう一度まとめておきたいと思う。

行動分析学での両極の等位関係
　まず，実用的には，本書の最初に指摘しておいた「統一的な基礎理論の欠如がケースフォーミュレーションにもたらす本質的な困難さ」という点に関して，一つの解決策が提供されたといってよいだろう。それは，レスポンデント条件づけ，オペラント条件づけ，関係フレームづけという３つの学習理論によって，随伴性形成行動からルール支配行動までを含む幅広い問題を，シームレスにアセスメントした結果に基づいて介入できるようになったからである。

　そういった事情を示したのが図22である。この図は，第８章（109頁）の図14「ABCDE分析とそれに基づく介入ポイント」[13]に，脱フュージョン，アクセプタンス，価値の明確化，コミットメントを加えたうえで，アクセプタ

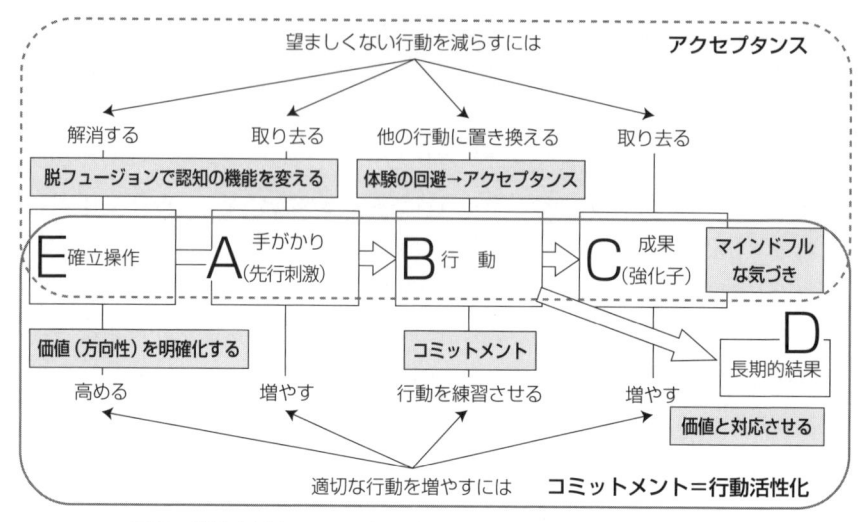

図22 機能分析とACTの介入ポイントの対応（文献13をもとに作成）

ンスの戦略とコミットメント＝行動活性化の戦略に大きく分けてみたものである。さらに，両方の戦略が重なっているところに，「今，この瞬間」との接触，文脈としての自己を位置づけ，「マインドフルな気づき」に基づいて機能分析を進めていくようにすれば，精神疾患や身体疾患の診断によらず，さまざまな問題を統一的な枠組みの中で扱っていく（診断横断的アプローチ）ための，非常に有力な方法となるだろう。

さらに，図22を見ていると，DBTの段階では臨床行動分析の枠内に置くことができなかった徹底的行動主義と根本的受容を，3つの学習理論の発展を踏まえて，行動活性化とアクセプタンスとして共存させることができるようになったことにも気づくのではないだろうか。そのことを表現したのが図23であるが，DBTの中では正反対の位置づけがなされ，弁証法の原理を援用することで対立的な緊張関係に置かれていた行動活性化とアクセプタンスを，学習理論の発展が等位関係に置く（アクセプトする）ことを可能にしたといってよいだろう。そして，そのことが，DBTにおけるほど緊張関係を持ち込まずに，両者の共存を可能にしているように思われるが，その事情

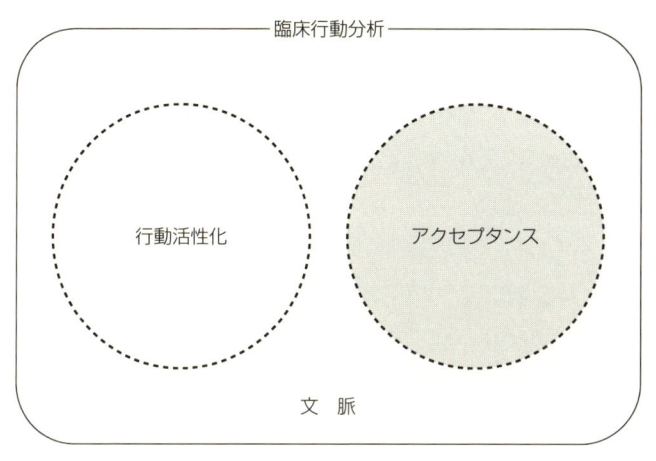

図23 ACTの治療原理

を，武藤は「並立習慣パラダイムの可能性」という言葉で表現している[14]。つまり，ACTでは「複数の生活習慣とその維持要因が並立して存在しているととらえることによって，生活の再建を適応的な生活習慣の拡大というより具体的でプロアクティブに検討していくことが可能になる」としているのである。

ACTにおけるエビデンスの特徴

最後に，このように発展してきたACTが，どのような介入効果のエビデンスを示しているのかについて簡単に触れておこう。

三田村は『ACTハンドブック』[7]の第11章で，「ACTにおける治療効果の評価」と題したレビューを行っている。そして，これまでに発表された30のランダム化比較試験（RCT）や，それに基づいた複数のメタ解析の結果を参照したあとで，ルイズの結論[15]を敷衍するかたちで以下のようにまとめている。

①ACTは，待機群，プラセボ群およびTAU（通常治療群）よりも優れている

②ACTが「確立された心理療法」より優れているかについてはさらなる

検討が必要である
③新たな心理療法の効果研究にはよくある課題ではあるが，ACTにおけるRCTにはさらなる改善の余地がある
④治療効果の評価では，治療効果の狭い意味でのエビデンスを追究する「効果研究」に対し，必ずしもそれを追究しない「効果性研究」および「プロセス研究」の違いを意識的に分けて考える必要がある

　また，武藤は，現在進行中のものも含めて，ACTのRCTの総数は53件であることを紹介したうえで，その内訳について，慢性疼痛が9件，不安障害が8件，気分障害が7件，禁煙が4件，糖尿病，てんかん，精神病性障害，物質依存，職場ストレスがそれぞれ3件，抜毛，一般的な精神的健康のケアがそれぞれ2件，その他が，がん，摂食障害，境界性パーソナリティ障害などを含む6件であったと報告している。そして，ACTのエビデンスの特徴を以下のように要約することができるとしている。[14]
①介入対象が多岐にわたる
②痛みの緩和や生活習慣（病）の改善が全体の約50％を占める
③介入直後よりフォローアップ期の効果量が大きい

　武藤が挙げた三番目の点（フォローアップ期の効果量のほうが大きい）は，第三世代の認知／行動療法の共通特徴として第2章（28頁）に紹介した「限定的に捉えられた行動や認知の問題を除去するだけではなく，人生の幅広い領域に適用できる柔軟で効果的なレパートリーを構築することを目指しており，そのために文脈に働きかけたり，体験的で間接的な変容方略を用いたりする」という点とも関係していると思われるため，今後も注目していく必要があるだろう。

まとめ

　本書は，現代の認知／行動療法が，学習理論に基づく行動療法と情報処理理論に基づく認知療法というまったく異質の体系を含んでいることから生じる混乱や限界を乗り越える一つの試みとして，第三世代の認知／行動療法が

発展してきたとするスタンスから書き進めてきた。そして，認知の機能の重視と，マインドフルネスとアクセプタンスという介入要素の存在を，第三世代の認知／行動療法とみなすための必要条件と仮定したうえで，両者によって理論的にも実践的にも交流できる一段上の枠組みを提供したいと考えたのであるが，その成果はどうだったであろうか。

　具体的には，認知療法の側からは，マインドフルネスのエッセンスをわかりやすくプログラム化したMBSR，それを再発性うつ病患者に応用したMBCT，メタ認知理論の発展に基づいたMCTを解説し，行動療法の側からは，マインドフルな気づきに基づくBA，禅の原理と弁証法の原理を大胆に導入したDBT，言語行動の行動分析理論に基づき行動活性化とアクセプタンスを並立させたACTを解説してきた。そのなかで明らかになったのは，たしかにすべての治療体系でマインドフルネスやアクセプタンスが活用されていたが，それぞれ少しずつその内容や目的が異なるということであった。

　MBSRとMBCT，DBTではそれぞれテーラワーダ仏教，禅で実践されてきたマインドフルネスそのものが導入されていたが，MCTではその方法論にはかなり重なるところがあるとしても，呼び名もディタッチト・マインドフルネスとし，その狙いが心理的障害の治療に限定されることや背景にある人間観にも違いが認められた。さらに，BAではアクセプタンスという概念は使われていたがマインドフルネスという用語は登場せず，ACTでもより基本的な行動クラスとしてはアクセプタンスのほうが用いられ，アクセプタンスを含む複数の行動クラスが同時に優勢になっている状態に対してマインドフルネスという用語が用いられていた。そして，認知の機能の重視という点との関連では，DBT以外では認知の内容ではなく機能を変えるためにマインドフルネスやアクセプタンスが用いられるという共通点が認められたが，DBTでは境界性パーソナリティ障害患者との治療関係を築くために根本的受容（認証戦略）が用いられ，その結果として認知の機能も変わるという強調点の違いが認められた。

　当初はあまり予想しなかったことであるが，ここまで執筆を続けてきて，第三世代の認知／行動療法の発展には歴史的な大きなうねりがあることが，

立体的に明らかになってきたように思える．それは，マインドフルネスからMBSR，MBCTに至る流れや，それと並走しながらも交わることのないMCTの流れ，まったく別の理論的立場や研究成果からスタートし，DBT，BA，ACTと，行動活性化とアクセプタンスを徐々に共存させるに至った流れ，そしてそれらすべてが一同に会してお互いに刺激し合うようになった現状などである．

そして，このような発展の結果，これまでにも，従来の認知／行動療法が必ずしも得意としてこなかった慢性疼痛，物質依存，がん，生活習慣病，境界性パーソナリティ障害，精神病性障害などにまで適用範囲が広がり，効果研究に加えて効果性研究やプロセス研究を実施することで介入効果をもたらすメカニズムに対する説明力が向上し，介入期間の短縮で示される介入の効率化が図られるという着実な成果が得られてきているのである．手短にまとめれば，精神疾患のみならず身体疾患，パーソナリティや依存の問題など，より多くの人々の生活にかかわりをもつ方向へ，そして理論と実践の距離を近づけ，無駄なく介入できる方向へ進んできているといえ，そのことは，認知／行動療法の未来を展望した場合に非常に大きな意義をもつといえるのではないだろうか．

本書の執筆を終えるにあたって振り返ってみると，認知／行動療法を専門にする一人の研究者／臨床家（筆者のこと）が，予想以上の広がりをもった新世代の認知／行動療法を，あれこれ調べながら自己研鑽してきた軌跡を描くことができたように感じる．そういう意味で本書は，これから先も続いていくであろう読者の皆さんの自己研修のガイドとしても役立てていただけると思う．そして，ここまで長旅をずっとご同行いただいた方々とは，学会などでお会いした時に，またいろいろとディスカッションなどができると嬉しい．

〔文　献〕

1）熊野宏昭，武藤崇編「特集：ACT（アクセプタンス＆コミットメント・セラピー）＝ことばの力をスルリとかわす新次元の認知行動療法」『こころのりんしょうà・la・carte』28巻1号，3-180頁，2009年

2）熊野宏昭『マインドフルネスそしてACTへ』星和書店, 2011年

3）ジョセフ・V・チャロッキ, アン・ベイリー（武藤崇, 嶋田洋徳監訳）『認知行動療法家のためのACTガイドブック』星和書店, 2011年

4）パトリシア・A・バッハ, ダニエル・J・モラン（武藤崇, 吉岡昌子, 石川健介, 熊野宏昭監訳）『ACT（アクセプタンス&コミットメント・セラピー）を実践する―機能的なケース・フォーミュレーションにもとづく臨床行動分析的アプローチ』星和書店, 2009年

5）ジェイソン・B・ルオマ, スティーブン・C・ヘイズ, ロビン・D・ウォルサー（熊野宏昭, 高橋史, 武藤崇監訳）『ACT（アクセプタンス&コミットメント・セラピー）をまなぶ―セラピストのための機能的な臨床スキル・トレーニング・マニュアル』星和書店, 2009年

6）スティーブン・C・ヘイズ, スペンサー・スミス（武藤崇, 原井宏明, 吉岡昌子, 岡嶋美代訳）『ACT（アクセプタンス&コミットメント・セラピー）をはじめる―セルフヘルプのためのワークブック』星和書店, 2010年

7）武藤崇編『ACT（アクセプタンス&コミットメント・セラピー）ハンドブック―臨床行動分析によるマインドフルなアプローチ』星和書店, 2011年

8）Törneke, N.: *Learning RFT: an introduction to relational frame theory and its clinical application*. Context Press, 2010.（山本淳一監修, 武藤崇, 熊野宏昭監訳『関係フレーム理論（RFT）をまなぶ』星和書店, 2013年）

9）Hayes, S.C., Strosahl, K.D., Wilson, K.G.: *Acceptance and commitment therapy: the process and practice of mindful change*. 2nd ed. Guilford Press, 2011.

10）Kanter, J.W., Busch, A.M., Rusch, L.C.: *Behavioral activation: distinctive features*. Routledge, 2009.

11）Fletcher, L., Hayes, S.C.: Relational frame theory, acceptance and commitment therapy, and a functional analytic definition of mindfulness. *Journal of Rational-Emotive and Cognitive-Behavior Therapy* 23: 315-336, 2005.

12）Blackledge, J.T.: Disrupting verbal process: cognitive defusion in acceptance and commitment therapy and other mindfulness-based psychotherapies. *The Psychological Record* 57: 555-576, 2007.

13）坂野雄二監修, 鈴木伸一, 神村栄一『実践家のための認知行動療法テクニックガイド―行動変容と認知変容のためのキーポイント』北大路書房, 2005年

14）武藤崇, 三田村仰「診断横断的アプローチとしてのアクセプタンス&コミットメント・セラピー―並立習慣パラダイムの可能性」『心身医学』51巻12号, 1105-1110頁, 2011年

15）Ruiz, F.J.: A review of acceptance and commitment therapy (ACT) empirical evidence: correlational, experimental psychopathology, component and outcome studies. *International Journal of Psychology and Psychological Therapy* 10: 125-162, 2010.

事項索引

AtoZ

ABC機能分析シート　107
ABC分析　103, 106, 109
ABCDE分析　109, 146, 185
　　——とそれに基づく介入ポイント　109
ABCT　98
ACT　179
ACTION　121, 122
『ACTハンドブック』　158, 187
『ACTを実践する』　177
AMC分析　78
ATT　83, 90
Behavioral activation: distinctive features　112, 124
CAS　75, 83
Cfunc　173, 183
Collaborative case conceptualization　17
Coping with depression course　113
Crel　173, 183
DBTの車の両輪　148
Depression in context　114
Derived relational responding　158
Dialectical behaviour therapy: distinctive features　131
DSM-Ⅳ　19, 131, 134
DSM-Ⅳ-TR　65, 138
FEAR　179
FEEL　179
Full catastrophe living　62
Learning RFT　158
Metacognitive therapy for anxiety and depression　72
Metacognitive therapy: distinctive features　72
Relational frame theory　158
selfing　40, 44
S-REFモデル　74, 81, 83
The case formulation approach to cognitive-behavior therapy　17
TRAC　120, 121, 179
TRAP　120, 121, 179

あ行

アイデンティティ　41
アウェアネス（知覚・運動的意識）　161
アクション・プラン　91
アクセプタンス　25, 26, 28, 38, 63, 106, 112, 117, 135, 181, 185, 186, 189
『アクセプタンス＆コミットメント・セラピーの文脈』　158
アクセプタンスとマインドフルネスのプロセス　181
頭でっかち　179, 182
アメリカ行動療法・認知療法学会　98
アメリカ心身医学会　61
「あること」モード　30, 68, 95
アンチテーゼ　136
怒り　40
意識　161
痛みの緩和　188
Ⅰ軸障害　131, 134
一般的な精神的健康のケア　188
「今，この瞬間」との接触　181
医療保険収載　9

193

イントラバーバル　160
ヴィパッサナー　45
ヴィパッサナー瞑想　45
ウィリングネス　28
内側から外側へ　117
映し返し　140
うつ病　64, 73, 75, 85, 102
『うつ病の行動活性化療法』　112, 114
『うつ病の認知療法』　113
エクスポージャー　90, 147, 151
　──の目的　180
エコーイック　160
エビデンスに基づく医療　24
エビデンスに基づく心理療法　9, 18, 24
縁起　102
エンゲイジド・ブッディズム　45
応用行動分析　98, 99
オーグメンタル　179
オートクリティック　160
お葬式のメタファー　179
オペラント学習　13, 14
オペラント技法　15
オペラント条件づけ　23, 98, 104, 159, 171, 185

か行

解決法分析　144, 146
外顕的行動　15, 99
介入効果をもたらすメカニズム　190
介入の効率化　190
介入目標　109
概念としての自己　102, 181
回避行動　75, 117, 121, 122, 124
回避パターン　117, 123
下位レベルの情報処理　74, 76
書き写し　160
書き取り　160
学習性無力感　124
学習理論　11, 17, 25, 136, 185, 188
学習歴　29

覚醒（生物的意識）　161
確立された心理療法　187
確立操作　29, 108, 146, 148, 172
過去と未来の優位・制限された自己知識　181
カタチ　19, 107, 122, 183
　──から入る　118
　──による診断　19
価値　30, 126, 178
　──との接触の欠如　181
　──の定義　178
　──の明確化　130, 181
　──のワーク　179
学校臨床　16
活動記録表　118, 120
活動スケジュール　113, 120
がん　188, 190
眼球運動による再処理法（EMDR）　132
関係フレームづけ　27, 103, 168, 171, 185
関係フレーム理論（RFT）　103, 157, 168, 171, 177
　──による言語行動　163, 171
観察　101
観察学習　98
観察者としての自己　102, 182
感受　73
感受に関する気づき　39
感情調節スキル　147
感情的な心　148
関数関係　29, 99, 115
関数分析　99
聞き手　172
　──としての行動　104
気づき　34, 162
「気づきを怠るな」　43
機能　19, 23, 24, 29, 73, 115, 167, 183
機能的文脈主義　29, 114, 115
機能分析　108, 144
　──とACTの介入ポイント　186
機能分析心理療法　59

気分障害　188
強化　23
境界性パーソナリティ障害（BPD）　130, 188, 190
強化子　23
強化随伴性　103
強迫性障害（OCD）　90
強烈で嫌悪的な情動状態　146, 148
距離をとる　66
禁煙　188
苦　44, 50
苦痛耐性スキル　147
グループ療法　147
ケース・コンサルテーション・ミーティング　149
ケースの概念化　17, 177
ケースフォーミュレーション　17, 79, 124, 177, 185
嫌悪刺激出現の阻止　124
嫌悪刺激の消失　124
嫌悪的な情動に対処するスキル　148
健康不安　85
言語機能　164
言語共同体　159, 162
言語行動　27, 157, 159, 171
　　──が非言語行動に対してもつ促進効果　130, 178
　　──の行動分析理論　158, 189
言語刺激による刺激性制御　163
言語的確立操作　179
言語的再帰属　89
言語的な介入　103
言語や認知に対する現代の行動分析理論　157
嫌子　23
幻聴　85
賢明な心　148
コア・マインドフルネス・スキル　147, 154
行為者なき行為　56

行為の欠如　181
効果研究　188, 190
効果サイズ　20, 64
効果性研究　188, 190
効果量　188
構成概念　99
構成主義　116
構造　24
公的環境　100
公的出来事　121
行動医学　61
行動活性化　177, 186, 189
　　──の段階的プログラム　125, 178
行動クラス　106, 107, 146, 155, 181, 182, 183, 189
行動実験　89, 90, 113
行動主義宣言　99
行動随伴性　159
行動内在性強化　179
行動の予測と制御　116, 157
行動の連鎖　107
行動パターン　123
行動分析　133, 144
行動分析学　27, 97, 157
『行動分析学入門』　158
行動療法　9, 13, 136, 188
　　──のABC分析　77
行動レパートリー　180
五感＋自動思考　42
呼吸　38
『呼吸による癒し』　36, 40, 43, 48, 50, 61
呼吸による気づきの教え　35, 37, 53, 62
『呼吸による気づきの教え』　36
呼吸法　62
心の感情面に関する気づき　40
心のギア・チェンジ　69
心の目　100, 101
心のモード　68
『心を清らかにする気づきの瞑想法』　51
心をこめた生き方　45

事項索引　195

個人療法　147, 148, 149
個性記述的　117
個体と環境との相互作用　23
『ことばと行動』　158
言葉と対象の双方向性　166, 183
コミットされた行為　181
コミットメント　112
　　──と行動変化のプロセス　181
コントロール喪失実験　89
根本的受容　135, 186, 189
混乱　40

さ行

再発性うつ病　65, 189
サティ　34
サマーディ　45
三項分析　103, 106
恣意的関係　170
恣意的に適用「可能」な関係反応（AARR）　171
シェイピング　150
止観　45
字義通りという文脈　183
［刺激―刺激］関係　164
［刺激―反応］関係　164
刺激間の恣意的関係　164
刺激機能の転移　168
刺激機能の変換　169, 171, 183
刺激強化子随伴性　23, 104
刺激クラス　164
刺激性制御　23
刺激等価性　103, 134, 164, 167
刺激等価性クラス　168
刺激般化　164
思考の題材　181
思考抑制　73, 75
自己イメージ　41
自己注目　76, 93, 94
自己注目理論　83
自己調節実行機能モデル　74, 83

自己ルール　29
自殺類似行動　138
疾患特異的モデル　79
実験的行動分析　99
私的環境　100
私的出来事　27, 43, 99, 121
　　──に関するタクト　162
視点　94, 182, 183
視点としての自己　182
自動思考　39, 73
自分　41
自分の機能　101
『自分を変える気づきの瞑想法』　48, 50, 51, 52
弱化　23
弱化の増加　124
自由意志　102, 163
習慣　123
習慣的行動　123
従属変数　101
柔軟で効果的なレパートリー　28, 188
柔軟な実行機能　83
自由連想タスク　87
受容の戦略　138
受容の文脈　138
消去　23
条件刺激　22
条件性弁別　165
少数事例実験計画法　154
象徴性　164, 166, 172
情動　15
情動行為の代替行動を繰り返すスキル　148
情動制御不全　139, 148
情報処理チャンネル　67
情報処理理論　11, 17, 25, 136, 188
食行動異常　64
職場ストレス　188
シングルケース研究法　154
神経性食欲不振症　14

心身医学　61
心身医療　15, 16
心身症　64
新世代　12
身体に関する気づき　38
身体の感覚を感じること　49, 50
身体表現性障害　38
診断　19
診断横断的アプローチ　186
シンテーゼ　137
心的外傷後ストレス障害（PTSD）　90
心配　73, 75, 80
　　タイプ1——　80, 89
　　タイプ2——　80
心配・反芻延期実験　89
心配・反芻調整実験　90
心配時間　89
新プラン・サマリー・シート　92
『心理臨床の認知心理学』　71, 74, 86
推移律　166
随伴性形成行動　104, 185
随伴性マネジメント　103, 126, 147
スキーマ　73
スキナーによる言語行動　157, 159, 164
スキナー箱　23, 99
スキルトレーニング　113, 126, 130, 147
スキルトレーニング・グループ　148, 149
ストップモーション　52
「すること」モード　30, 68
スローモーション　49, 50
生活習慣病　188, 190
生活の文脈　126, 178
静座瞑想法　62
精神医学　64
精神医療　16
精神疾患　134
精神病性障害　188, 190
生成性　164, 166, 172
正の強化　117
　　——との接触　113

——の不足　124
生物学的決定論　116
生物社会的理論　139
世界行動療法・認知療法会議　72
積極的な観察　140
摂食障害　188
是認　139
セルフモニタリング　15, 108, 118
セルフモニタリングシート　145
禅　189
前頭前野　76, 81
前頭前野背外側部　85
禅の原理　134, 135, 189
全般性不安障害（GAD）　79, 89
相互的内包　169, 171
操作的定義　45
ソーシャル・スキルトレーニング　113
外側から内側へ　117

た行

ターゲット行動　107
第一水準の変化　23, 28
第一世代　13, 22
体験的で間接的な変容方略　29, 188
「体験に注意を向ける」方法　178
体験の回避　27, 181, 183
第三世代　12, 134, 188
対象モード　86
対称律　166
対人関係上の問題　102
対人関係保持スキル　147
第二水準の変化　28
第二世代　24, 134
大脳辺縁系内の反応性　139
タクト　160, 161, 162
多数の範例による訓練　167, 168
脱中心化　66
脱フュージョン　30, 106, 181, 183, 184, 185
妥当性　140

多様な治療モード　145
短期的な価値　146
短期的な結果　105
単純活性化　125, 126
チェーン（鎖）分析　133, 144
注意訓練　76, 83
注意訓練技法　83
注意コントロール・トレーニング　67
注意資源　49
注意のコントロール障害　139
注意バイアス　75
中核信念　73
長期的な価値　146
長期的な結果　105, 109
直接的な認証　141
治療原理主導　131
治療者との関係で認められる行動　118
治療マニュアル　19
治療モード　149
ディタッチト・マインドフルネス（DM）
　76, 85, 86, 87, 90, 189
　　——のディタッチメント　86
　　——のマインドフルネス　86
テーゼ　136
テーラワーダ仏教　39, 60, 189
徹底的アクセプタンス　135, 154
徹底的行動主義　95, 100, 114, 132, 186
転移に焦点づけした精神療法　153
てんかん　188
電話コンサルテーション　149
統一的な基礎理論　16
等位の関係　185, 186
等価律　166
動機づけ　108, 179
道具的信念　91
糖尿病　188
読字行動　160
特有の思い込み　113
トップダウン　73
トポグラフィー　107, 159

トラウマ　151
貪瞋痴　40

な行

内言　162, 163
「流れに漂う葉っぱ」のエクササイズ
　184
Ⅱ軸障害　134
日常生活内の随伴性　145
日常的な自己　35, 56
日本行動療法学会　13
認証戦略　138, 140, 189
認知　15
認知科学　17
認知行動療法　9, 15, 136
認知／行動療法　11
認知行動理論　10, 15
認知再構成法　15, 24, 106, 113, 133, 155
認知修正　147
認知心理学　17, 100
認知スタイル　74
認知注意症候群　74, 75, 83
認知的技法　15
認知的決定論　116
認知的反応性　66
認知的フュージョン　30, 166, 181, 183
認知の機能　25, 69, 137, 155, 164, 189
認知の内容　69, 189
認知の変容　113
認知の歪み　16, 19
認知モデル　24
認知療法　9, 60, 65, 72, 73, 136, 188
　　——のABC分析　77
　　——の要素分析　113
念　34
乗り物恐怖　105, 106
ノンストップの実況中継　48, 50

は行

パーソナリティ障害　134

バーチャルな世界　167
派生的関係　165
派生的関係反応　171
派生的刺激関係　103, 172
ハタヨガ　61
抜毛　188
話し手　172
　　——としての行動　104
パニック障害　64, 85
パノラマ的　55
パブロフの犬　22
パロキセチン　114
般化　149
般化オペラント　167, 168, 182
般化模倣　167
反射律　166
反芻　39, 48, 67, 73, 75, 76, 80, 90
反芻思考　39, 42
反芻的な反応スタイル　66
反対の関係　185
反応強化子随伴性　23, 104
反応クラス　167
反復的思考　75
非機能的態度　65, 66
不安障害　38, 73, 75, 102, 107, 188
フォローアップ期　188
複合的相互的内包　169, 171
不合理な信念　73, 113
物質依存　102, 188, 190
不認証的な環境　139, 149
負の強化　124
　　——の増加　124
プラグマティズム　115
プラグマティックな真実基準　116
プロセス　73
プロセスとしての自己　102, 182
プロセス研究　188, 190
プロトコール主導　131
分析・抽出的な理論　158
文脈　19, 28, 29, 30, 115, 124, 148, 188

　　——を考慮した機能分析　112
文脈としての自己　181, 182
文脈主義　115, 116
文脈的な手がかり　172, 183
並立習慣のパラダイム　187
変化の戦略　144
弁証法の原理　136, 189
弁証法の文脈　138
扁桃体　76, 81, 85
弁別刺激　146, 148, 172
弁別刺激—行動—結果　29, 103, 115
報告言語行動　161
法則性に関する気づき　44
方法論的行動主義　95, 99
ボディー・スキャン　62

ま行

マインドフルな気づき　179, 189
マインドフルな気づきと価値に基づく活性化　126, 178
マインドフルネス　25, 28, 34, 85, 135, 162, 178, 189
　　——の力　43
マインドフルネス・スキル　148
『マインドフルネスストレス低減法』　62
『マインドフルネス認知療法』　65
マインドフルネス瞑想　48, 94
迷い　40
慢性疼痛　64, 188, 190
マンド　160, 163
見本合わせ訓練　165
無我　44, 50, 94, 102, 163
無我モード　95
無常　44, 50
無心　181
無知　40
命名反応　164
メタ・システム　74, 76, 88
メタ解析　64, 187
メタ認知　72, 162

──の内容　73, 81, 94
メタ認知的気づき　26, 30, 80, 90
メタ認知的経験　72
メタ認知的信念　76, 83, 89, 94
　ネガティブな──　80, 89
　ポジティブな──　79, 80
メタ認知的戦略　72
メタ認知的知識　72
メタ認知的プラン　76, 83, 91, 106
メタ認知モード　86
メタ認知理論　72, 81, 189
モデリング学習　13
モル行動　107, 146, 155
モレキュラー行動　107, 145, 155
問題解決戦略　138, 144
問題解決療法　146

や行

役に立たない対処行動　75
ヨーガ瞑想法　62
欲　40

ら行

ラベリング　54
ランダム化比較試験（RCT）　19, 114, 130,
　152, 153, 187, 188
リカーシブな意識（自己意識）　161, 162
力動的な支持的精神療法　153
理性的な心　148
利点─欠点分析　90
理論と実践の距離　190
臨床行動分析　9, 27, 97, 102, 155, 177, 178
『臨床行動分析のABC』　11, 158
臨床心理アセスメント　17
ルール　91, 104, 106, 108, 172, 179
ルール支配行動　103, 104, 134, 159, 172,
　185
レスポンデント学習　13
レスポンデント技法　15
レスポンデント条件づけ　22, 98, 104, 185

連想や知識　160
連続した自己の感覚　164
六根　39, 42
論理情動行動療法　73

わ行

ワードリピーティング　183
私が，あの時，あそこで　184
私が，今，ここで　182, 183, 184

人名索引

A
アディス（Addis, M.E.） 112
浅野俊夫 158

B
バッハ（Bach, P.A.） 177
ベック（Beck, A.T.） 16, 73, 113
ビショップ（Bishop, S.R.） 45, 47
ボリセンコ（Borysenko, J.） 62
ブッダ（Buddha） 25, 34, 39, 43, 47
ブッシュ（Busch, A.M.） 112

C
クラーキン（Clarkin, J.F.） 153

D
ダライ・ラマ（Dalai Lama） 45
デジサッピ（DiGiuseppe, R.） 98
ディミジアン（Dimidjian, S.） 114
ドウアー（Dougher, M.J.） 102

E
エリス（Ellis, A.） 73

F
ファースター（Faster, C.B.） 114
フィッシャー（Fisher, P.） 72
フレッチャー（Fletcher, L.） 28, 181

G
グロスマン（Grossman, P.） 64

H
ハン（Hanh, Thich Nhat） 45
ヘイズ（Hayes, S.C.） 28, 98, 102, 134, 158, 167, 181
ハード（Heard, H.L.） 131
ホフマン（Hoffman, S.） 98

I
今井正司 71
イングラム（Ingram, R.E.） 65
井上ウィマラ 34, 36, 45, 49, 53

J
ジェイコブソン（Jacobson, N.S.） 112, 113

K
カバットジン（Kabat-Zinn, J.） 25, 61, 67
神村栄一 11
カンター（Kanter, J.W.） 112, 124, 178
クライトマン（Kreitman, N.） 138

L
レイン（Lane, R.） 61
レデスマ（Ledesma, D.） 64
レーウィンソン（Lewinsohn, P.M.） 113
リネハン（Linehan, M.M.） 67, 98, 130, 132, 135, 136, 138, 153, 155

M
マロット（Malott, R.W.） 158
マロット（Malott, M.E.） 158

マーテル（Martell, C.R.） 112, 114, 117, 118, 178
松見淳子　98
マシューズ（Matthews, G.）　71
三田村仰　187
モラン（Moran, D.J.）　177
武藤崇　11, 111, 158, 168, 171, 177, 187, 188

N
永田利彦　152
ネズ（Nezu, A.M.）　146

O
苧阪直行　161

P
パデスキー（Padesky, C.A.）　17
パーソンズ（Persons, J.B.）　17

R
ランメロ（Ramnerö, J.）　158
レーフェルツ（Rehfeldt, R.A.）　158
ロジャース（Rogers, C.）　135
ローゼンバーグ（Rosenberg, L.）　36, 43, 48, 61
ルイズ（Ruiz, F.J.）　187
ラッシュ（Rusch, L.C.）　112

S
坂野雄二　11
佐藤方哉　98, 158, 162
セリグマン（Seligman, M.E.P.）　124
シャピロ（Shapiro, F.）　132
嶋田洋徳　9
島宗理　158
下山晴彦　17
シドマン（Sidman, M.）　134, 166, 167
シーガル（Siegle, Z.V.）　64
スキナー（Skinner, B.F.）　24, 98, 159, 162

杉山尚子　158
スマナサーラ（Sumanasara, A.）　39, 48
鈴木伸一　11
スウェールズ（Swales, M.A.）　131, 149, 152

T
テイルビー（Tailby, W.）　134, 166
ティーズデール（Teasdale, J.D.）　26, 65
トールネケ（Torneke, N.）　158, 171, 185

W
ワトソン（Watson, J.B.）　99
ウェルズ（Wells, A.）　71, 72, 85
ウィリアムズ（Williams, J.M.G.）　64

Y
山本淳一　158, 164, 167
遊佐安一郎　132, 136

本書は『こころの科学』148〜151,153〜161号の連載
「新世代の認知行動療法入門」を加筆・修正したものである。

熊野宏昭（くまの・ひろあき）

1960年，石川県生まれ。1985年，東京大学医学部卒。1995年，東京大学博士（医学）。東京大学心療内科医員，東北大学大学院医学系研究科人間行動学分野助手，東京大学大学院医学系研究科ストレス防御・心身医学（東京大学心療内科）助教授・准教授を経て，2009年4月から，早稲田大学人間科学学術院教授，同年11月より，早稲田大学応用脳科学研究所所長を兼任。認知行動療法，応用脳科学，行動医学が専門。臨床面では，生活習慣病，摂食障害，不安障害，うつ病などを対象に，薬物療法や面接治療に加え，アクセプタンス＆コミットメント・セラピー（ACT），メタ認知療法，マインドフルネスなどを用いている。
著書に『マインドフルネスそしてACTへ』（星和書店），『ストレスに負けない生活』（ちくま新書），『マインドフルネス・瞑想・座禅の脳科学と精神療法』（新興医学出版社／共編），『マインドフルネス』（日本評論社／共編）など。

新世代の認知行動療法

2012年4月10日　第1版第1刷発行
2021年12月20日　第1版第4刷発行

著　者──熊野宏昭
発行所──株式会社 日本評論社
　　　　〒170-8474　東京都豊島区南大塚3-12-4
　　　　電話 03-3987-8621（販売）-8598（編集）　振替 00100-3-16
印刷所──港北出版印刷株式会社
製本所──牧製本印刷株式会社
装　幀──大村麻紀子

検印省略　Ⓒ 2012 Kumano, H.
ISBN 978-4-535-98372-4　Printed in Japan

JCOPY 〈(社)出版者著作権管理機構 委託出版物〉
本書の無断複写は著作権法上での例外を除き禁じられています。複写される場合は，そのつど事前に，(社)出版者著作権管理機構（電話 03-5244-5088, FAX 03-5244-5089, e-mail: info@jcopy.or.jp）の許諾を得てください。
また，本書を代行業者等の第三者に依頼してスキャニング等の行為によりデジタル化することは，個人の家庭内の利用であっても，一切認められておりません。

マインドフルネス
基礎と実践

貝谷久宣・熊野宏昭・越川房子［編著］

禅的瞑想を取り入れ、新世代の心理療法として旋風を巻き起こしているマインドフルネスの効果機序の科学的根拠とその実践手法を示す。

■A5判
■定価3,520円（税込）

目次

1. マインドフルネスの基礎
マインドフルネス瞑想の構成要素としての注意訓練による脳内変化／脳画像によるマインドフルネスの効果検討／内受容感覚とマインドフルネス／マインドフルネスとストレス脆弱性／仏教から見たマインドフルネス

2. マインドフルネスの心理学的機序と応用
マインドフルネス瞑想の効果機序／マインドフルネスの心理学的基礎／マインドフルネスと援助関係／マインドフルネスの意味を超えて／マインドフルネスの導入経験

3. マインドフルネスの実践
うつ病・不安症とマインドフルネス／うつ病に対する慈悲の瞑想の効果／心身医学とマインドフルネス／慢性疼痛とマインドフルネス／感情調節が困難な患者へのマインドフルネス／矯正領域におけるマインドフルネスの現状と課題／マインドフルネスと薬物療法および他の心理療法との比較エビデンス

臨床行動分析のABC

ユーナス・ランメロ＋ニコラス・トールネケ［著］
松見淳子［監修］　**武藤崇・米山直樹**［監訳］

認知／行動療法の根幹を担う行動分析の基礎を、ABC理論にもとづいて懇切丁寧に解説。真の理解と実践のための新たなる入門書。

■A5判　■定価3,630円（税込）

目次

第1部　行動を記述する
第1章　問題を行動のカタチ（形態）から捉える／第2章　行動を観察する／第3章　文脈の中で行動を捉える

第2部　行動を理解する
第4章　レスポンデント条件づけ／第5章　オペラント条件づけ①／第6章　オペラント条件づけ②／第7章　関係フレームづけ／第8章　ABC分析を応用する

第3部　行動を変える
第9章　機能分析／第10章　行動変容へ向けての会話／第11章　3つの原理と実践をつなぐ／第12章　実践の原則①／第13章　実践の原則②

日本評論社
https://www.nippyo.co.jp/